上海市工程建设规范

建设项目(工程)竣工档案编制技术标准

Technical standard for construction project archive filing and arrangement

DG/TJ 08—2046—2024

J 11321—2025

主编单位:上海市城市建设档案馆
批准部门:上海市住房和城乡建设管理委员会
施行日期:2025 年 6 月 1 日

同济大学出版社

2025 上海

图书在版编目(CIP)数据

建设项目(工程)竣工档案编制技术标准 / 上海市城市建设档案馆主编. --上海:同济大学出版社,2025.4. -- ISBN 978-7-5765-1563-3

Ⅰ.TU712-65

中国国家版本馆CIP数据核字第2025HF7247号

建设项目(工程)竣工档案编制技术标准
上海市城市建设档案馆　主编

责任编辑　朱　勇
责任校对　徐逢乔
封面设计　陈益平

出版发行　同济大学出版社　　www.tongjipress.com.cn
　　　　　(地址:上海市四平路1239号　邮编:200092　电话:021-65985622)

经　　销	全国各地新华书店
印　　刷	上海擎丰数码科技有限公司
开　　本	889mm×1194mm　1/32
印　　张	2.875
字　　数	72 000
版　　次	2025年4月第1版
印　　次	2025年11月第2次印刷
书　　号	ISBN 978-7-5765-1563-3
定　　价	40.00元

本书若有印装质量问题,请向本社发行部调换　　　版权所有　侵权必究

上海市住房和城乡建设管理委员会文件

沪建标定〔2024〕564 号

上海市住房和城乡建设管理委员会关于批准《建设项目(工程)竣工档案编制技术标准》为上海市工程建设规范的通知

各有关单位：

由上海市城市建设档案馆主编的《建设项目(工程)竣工档案编制技术标准》，经我委审核，现批准为上海市工程建设规范，统一编号为 DG/TJ 08—2046—2024，自 2025 年 6 月 1 日起实施。原《建设项目(工程)竣工档案编制技术规范》(DG/TJ 08—2046—2008)同时废止。

本标准由上海市住房和城乡建设管理委员会负责管理，上海市城市建设档案馆负责解释。

特此通知。

上海市住房和城乡建设管理委员会
2024 年 11 月 5 日

前　言

根据《上海市城市建设档案管理办法》和上海市住房和城乡建设管理委员会《关于印发〈2019年上海市工程建设规范、建筑标准设计编制计划〉的通知》（沪建标定〔2018〕753号）的要求，编制组总结本市建设项目（工程）竣工档案管理工作实践经验，结合国家和相关行业标准，并在广泛征求行业内外意见的基础上，修订本标准。

本标准共分8章。主要内容包括：总则；术语；基本规定；工程文件的质量；工程文件的组卷；建设项目（工程）电子档案的整理；建设项目（工程）纸质档案的整理；建设项目（工程）声像档案。

各单位及相关人员在本标准执行过程中，如有意见和建议，请反馈至上海市规划和自然资源局（地址：上海市北京西路99号；邮编：200003；E-mail：guihuaziyuanfagui@126.com），上海市城市建设档案馆（地址：上海市宋园路10号；邮编：200336；E-mail：cjdaghyk@163.com），上海市建筑建材业市场管理总站（地址：上海市小木桥路683号；邮编：200032；E-mail：shgcbz@163.com），以供今后修订时参考。

主 编 单 位：上海市城市建设档案馆
参 编 单 位：上海市普陀区规划和自然资源管理事务中心
　　　　　　　上海市松江区自然资源确权登记事务中心
　　　　　　　上海市建设工程监理咨询有限公司
　　　　　　　华东建筑集团股份有限公司
　　　　　　　上海建工四建集团有限公司
　　　　　　　上海隧道工程有限公司

主要起草人： 戴　明　　毛俊毅　　侯斌超　　刘庆祥　　杨　晨
　　　　　　　黄春雷　　刘　静　　冯丽梅　　沈　扬　　陈宗亮
　　　　　　　毛伟国　　常　坚　　徐　洋　　范佳伟　　朱蓓娜
　　　　　　　胡克震　　虞　晖　　夏晨龙　　唐　岚　　张祎瓅
　　　　　　　王业欣　　姜　伟　　徐　浩　　杨胜强　　葛晓敏
　　　　　　　陶祎珺　　王　克　　宋　琳　　李　彬
主要审查人： 吴元祥　　周林兴　　吕元智　　徐青萍　　徐　瑾
　　　　　　　顾玉华　　梁　静

上海市建筑建材业市场管理总站

目 次

1 总 则 ·· 1
2 术 语 ·· 2
3 基本规定 ·· 4
4 工程文件的质量 ·· 6
5 工程文件的组卷 ·· 8
6 建设项目(工程)电子档案的整理 ···························· 9
  6.1 建设项目(工程)电子档案的组织结构 ···················· 9
  6.2 建设项目(工程)电子档案的数据要求 ··················· 10
  6.3 建设项目(工程)电子档案的载体要求 ··················· 20
7 建设项目(工程)纸质档案的整理 ··························· 22
  7.1 建设项目(工程)纸质档案的构成 ······················· 22
  7.2 建设项目(工程)纸质档案的规格和装订 ················· 24
  7.3 档案盒 ··· 24
8 建设项目(工程)声像档案 ································· 25
  8.1 建设项目(工程)声像档案的接收范围 ··················· 25
  8.2 建设项目(工程)声像档案的内容 ······················· 25
  8.3 建设项目(工程)声像档案的质量 ······················· 26
附录 A 建设项目(工程)竣工档案归档范围 ····················· 28
附录 B 工程设计变更依据性文件汇总表的样式 ················· 52
附录 C 编制说明的样式 ···································· 53
附录 D 案卷备考信息汇总表的样式 ··························· 55
附录 E 基本信息表的样式 ·································· 56
附录 F 单体表的样式 ······································ 57
附录 G 案卷目录的样式 ···································· 58

附录 H　卷内目录的样式 …………………………………………… 59
附录 J　照片卷内目录的样式 ……………………………………… 60
附录 K　录像卷内目录的样式 ……………………………………… 61
附录 L　案卷封面的样式 …………………………………………… 62
附录 M　案卷备考表的样式 ………………………………………… 63
附录 N　图纸的折叠方法 …………………………………………… 64
附录 P　档案盒封面的样式 ………………………………………… 65
附录 Q　档案盒脊背的样式 ………………………………………… 66
附录 R　工程录像解说词的样式 …………………………………… 67
本标准用词说明 ……………………………………………………… 68
引用标准名录 ………………………………………………………… 69
条文说明 ……………………………………………………………… 71

— 2 —

Contents

1 General provisions 1
2 Terms 2
3 Basic requirements 4
4 Quality of construction documents 6
5 Filing of construction documents 8
6 Arrangement of construction project electronic archives
   9
   6.1 Organizational structure of construction project electronic archives 9
   6.2 Data requirements for construction project electronic archives 10
   6.3 Carrier requirements for construction project electronic archives 20
7 Arrangement of construction project paper archives 22
   7.1 Composition of construction project paper archives
        22
   7.2 Specifications and binding of construction project paper archives 24
   7.3 File box 24
8 Project audio-visual archives 25
   8.1 Acceptance scope of project audio-visual archives
        25
   8.2 Contents of project audio-visual archives 25
   8.3 Quality of project audio-visual archives 26

Appendix A	Filing scope of construction project as-built archives	28
Appendix B	Sample of the summary form of the supporting documents of construction design change	52
Appendix C	Sample of the filing description	53
Appendix D	Sample of the summary form of the file notes	55
Appendix E	Sample of the basic information form	56
Appendix F	Sample of the single building information form	57
Appendix G	Sample of the file list	58
Appendix H	Sample of the innerfile item list	59
Appendix J	Sample of the photo innerfile item list	60
Appendix K	Sample of the video innerfile item list	61
Appendix L	Sample of the file cover	62
Appendix M	Sample of the file note	63
Appendix N	Folding method of the drawing	64
Appendix P	Sample of the file box cover	65
Appendix Q	Sample of the file box spine	66
Appendix R	Sample of the project video caption	67
Explanation of wording in this standard		68
List of quoted standards		69
Provision description		71

1 总　则

1.0.1 为统一建设项目(工程)文件(以下简称工程文件)的收集、整理、归档以及建设项目(工程)竣工档案(以下简称竣工档案)验收、移交的标准，建立有效、完整、系统的竣工档案，特制定本标准。

1.0.2 本标准适用于本市行政区域内建设项目(工程)(涉密工程除外)竣工档案的编制。

1.0.3 竣工档案编制除应符合本标准外，尚应符合国家、行业和本市现行有关标准的规定。

2 术 语

2.0.1 建设项目(工程)文件 construction project document

在建设项目(工程)建设过程中形成的各种形式的信息记录,包括前期文件、设计文件(含施工图)、施工文件、科研文件、竣工文件和竣工图,简称工程文件。

2.0.2 前期文件 pre-construction document

在建设项目(工程)开工以前的立项、审批、用地、招投标等过程中形成的文件。

2.0.3 设计文件 designing document

在建设项目(工程)勘察、设计过程中形成的文件,包括勘察报告、各阶段设计文件(含施工图)等。

2.0.4 施工文件 constructing document

在建设项目(工程)施工过程中形成的文件,包括施工技术文件、监理文件、设备文件等。

2.0.5 科研文件 scientific research document

在建设项目(工程)建设过程中与本项目(工程)配套的科研课题研究中形成的文件。

2.0.6 竣工文件 as-built document

在建设项目(工程)竣工验收活动中形成的文件。

2.0.7 竣工图 as-built drawing

真实反映建设工程施工结果的图样。

2.0.8 建设项目(工程)竣工档案 construction project as-built archives

在建设项目(工程)建设活动中直接形成的、具有归档保存价值并经过整理的工程文件,简称竣工档案。

2.0.9 建设项目(工程)电子文件 project electronic records

在工程建设过程中通过数字设备及环境生成，以数码形式存储于磁带、磁盘或光盘等存储载体，依赖计算机等数字设备阅读、处理，并可在通信网络上传送的文件，简称工程电子文件。

2.0.10 建设项目(工程)电子档案 project electronic archives

工程建设过程中形成的，具有参考和利用价值并作为档案保存的电子文件及其元数据，简称工程电子档案。

2.0.11 索引目录 index list

按某种特定顺序排列、用于揭示工程文件组合特征的档案检索工具，包括编制说明、案卷备考信息汇总表、基本信息表、单体表、案卷目录、卷内目录。

2.0.12 案卷目录 file list

概括和揭示一套竣工档案中每一个案卷的案卷题名及其他特征并固定案卷排列次序的表格。

2.0.13 卷内目录 innerfile item list

记录卷内文件题名及其他特征并固定文件排列次序的表格。

2.0.14 整理 arrangement

按照一定的原则，对工程文件进行挑选、分类、组合、排列、编目，使之有序化的过程。

2.0.15 组卷 filing

按照一定的原则和方法，将具有保存价值的文件分门类整理成案卷，保持卷内文件有机联系的过程，亦称立卷。

2.0.16 归档 putting into record

文件形成部门或单位完成工作任务后，将形成的文件整理组卷，按规定交本单位档案机构保存的过程。

2.0.17 移交 handing over

文件形成部门或单位将形成的竣工档案按规定向上海市城市建设档案馆(以下简称市城建档案馆)或相应区人民政府、相关派出机构指定的机构(以下简称区城建档案机构)提交的过程。

3 基本规定

3.0.1 竣工档案应真实地反映建设全过程,并应按建设项目(工程)建设程序进行收集、整理、归档、验收、移交,达到有效、完整、系统的要求。

3.0.2 每个建设项目(工程)应至少保存两套竣工档案。一套竣工档案由建设单位自行保管,应按照相关规定和标准形成、整理和归档,归档内容可参考本标准附录A建设单位归档范围;另一套竣工档案由建设单位移交市城建档案馆或区城建档案机构保管,归档内容可参考本标准附录A。

3.0.3 移交市城建档案馆或区城建档案机构保管的竣工档案应包括索引目录及全套竣工档案,并应符合下列规定:

  1 应同时提供纸质索引目录和电子索引目录。

  2 除法律法规另有规定外,符合电子档案管理要求的电子文件可以电子形式移交,不再以传统载体形式移交。

  3 纸质文件应同时移交数字复制件。

  4 工程照片和录像应按照本标准第8章的规定移交。

3.0.4 涉密文件的管理应符合有关保守国家秘密的规定。

3.0.5 工程文件的形成和积累应纳入工程建设管理的各个环节和有关人员的职责范围,全面反映工程建设活动和工程实际情况。工程文件应随工程建设进度同步形成。

3.0.6 工程电子档案可通过与移交要求相适应的计算机网络进行在线移交,亦可存储在脱机载体上进行离线移交。工程纸质档案应线下实体移交。建设单位在移交工程电子档案前,应进行真实性、完整性、可用性和安全性检测。

3.0.7 建设单位可移交设计方案比选文件等前期研究资料,组卷时纳入前期文件。

3.0.8 建设单位可移交建筑信息模型。

3.0.9 建设单位应对移交档案的完整性、真实性、准确性、有效性、系统性、安全性负责。

4 工程文件的质量

4.0.1 工程文件应字迹清楚、图样清晰、图表整洁、签字盖章手续完备。

4.0.2 工程文件中文字材料幅面尺寸宜为 A4 幅面（297 mm×210 mm）。图纸图幅应符合现行国家标准《技术制图 图纸幅面和格式》GB/T 14689 的规定。

4.0.3 工程文件为外文版的，案卷目录中的案卷题名和卷内目录中的文件（图纸）名称应用中外文两种文字准确表达。

4.0.4 数字化图纸的绘制应符合相关规定，并满足下列要求：

    1 绘制数字化竣工图时，图纸图签栏中如有变更记录栏，应标注本张图纸的修改依据，内容包括序号、工程设计变更依据性文件名称、内容及修改日期。图纸图签栏中如无变更记录栏，本张图纸的修改依据应标注在本张图纸的文字说明处。

    2 绘制数字化竣工图时，可将修改文字和图形直接绘制于被修改处，应采用"云线"等方式标识。

4.0.5 所有竣工图应加盖符合国家相关规定的竣工图章，竣工图章宜盖在图纸空白处。

    竣工图章示例见图 4.0.5。

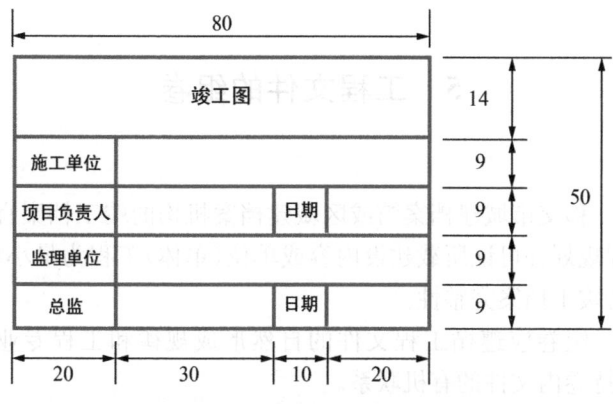

图 4.0.5 竣工图章(单位:mm)

4.0.6 工程设计变更依据性文件应进行汇总,形成汇总表,按本标准附录 B 执行。

5 工程文件的组卷

5.0.1 移交市城建档案馆或区城建档案机构的竣工档案宜以建设工程规划许可证所载建设内容或单位(单体)工程为最小单位,并保持竣工档案完整性。

5.0.2 组卷应遵循工程文件的自然形成规律和工程专业的特点,保持卷内文件的有机联系。

5.0.3 建设项目(工程)所有的文件和图纸应按工程前期、设计、施工、竣工的建设程序组卷。

5.0.4 工程文件应按同一事项先批复后请示,先正文后附件,先文件材料后附图的顺序排列。

5.0.5 设计文件应按设计程序、单位(单体)工程、专业等组卷。

5.0.6 施工技术文件应按单位(单体)工程、专业等组卷,其中共性文件可在排列组卷后的第一个单位(单体)工程内集中组卷。

5.0.7 监理文件应按单位(单体)工程、专业等组卷,排列在各类施工技术文件后,其中共性文件可在排列组卷后的第一个单位(单体)工程内集中组卷。

5.0.8 竣工图及审查合格的施工图应按单位(单体)工程、专业等组卷,卷内按图纸目录顺序排列。

5.0.9 一个案卷内可均为数字签名电子文件,亦可均为纸质文件及其数字复制件,或二者混合组卷。

5.0.10 纸质工程文件组卷厚度应小于 30 mm,印刷成册的非金属装订的文件,可不拆卷。

6 建设项目(工程)电子档案的整理

6.1 建设项目(工程)电子档案的组织结构

6.1.1 建设单位应按照本标准第5章以及本章第6.1.2条的要求,对工程电子文件进行整理,封装固化后,形成工程电子档案。

6.1.2 工程电子文件组织结构应符合下列规定:

1 工程电子档案应采用规范的信息包组织结构,归档信息包以项目名称命名,信息包内包含一个索引目录文件夹和若干个案卷文件夹。其组织结构模型示例见图6.1.2。

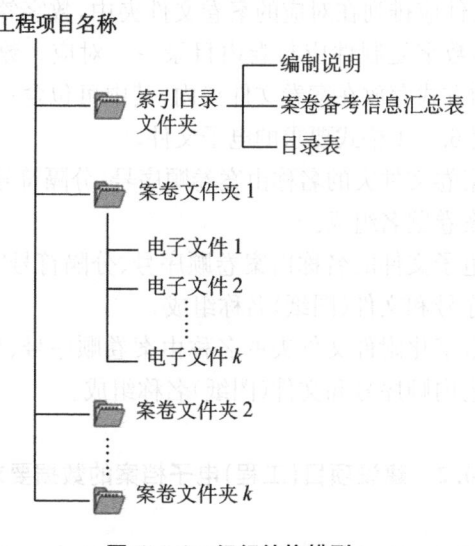

图 6.1.2 组织结构模型

2 索引目录文件夹中应包括编制说明、案卷备考信息汇总表、目录表(包括基本信息表、单体表、案卷目录、卷内目录、照片卷内目录、录像卷内目录),文件夹名称为"索引目录"。

1) 编制说明:电子文件名称为"编制说明",应按本标准附录 C 执行,提交纸质文件数字复制件或数字签名电子文件。

2) 案卷备考信息汇总表:电子文件名称为"案卷备考信息汇总表",应按本标准附录 D 执行,提交纸质文件数字复制件或数字签名电子文件。

3) 目录表:文件格式应采用通用的 WPS 表格或 EXCEL 表格格式,内容应由"基本信息表""单体表""案卷目录""卷内目录""照片卷内目录""录像卷内目录"构成。

3 案卷文件夹应采用多级文件夹方式组织。第一级文件夹是案卷级;第二级为电子文件实体或数字化附件文件夹,不同案卷的电子文件应排列在对应的案卷文件夹中,数字签名电子文件和纸质文件数字复制件应与卷内目录一一对应。数字化附件应以文件夹的方式存放在案卷文件夹内,其中可包含一个或多个符合本标准表 6.2.1 格式要求的电子文件。

1) 案卷文件夹的名称由案卷顺序号、分隔符号"+"和该卷案卷题名组成。

2) 电子文件的名称由案卷顺序号、分隔符号"+"、卷内顺序号和文件(图纸)名称组成。

3) 数字化附件文件夹的名称由案卷顺序号、分隔符"+"、卷内顺序号和文件(图纸)名称组成。

6.2 建设项目(工程)电子档案的数据要求

6.2.1 归档的工程电子文件应采用或转换为表 6.2.1 所列文件格式。

表 6.2.1 各类电子文件的格式

文件类别	通用格式	
数字签名电子文件	OFD、PDF	
纸质文件数字复制件	OFD、PDF	
其他数字化附件	文本(表格)文件	OFD、DOC、DOCX、XLS、XLSX、PDF、XML、TXT、RFT
	图像文件	RAW、JPG、TIFF、PNG
	图形文件	DWG、PDF/A、SVG
	视频文件	MXF、AVS、AVI、MPEG2、MPEG4
	音频文件	AVS、WAV、AIF、MID、MP3
	数据库文件	SQL、DDL、DBF、MDB、ORA
	建筑信息模型文件	WRL、3DS、VRML、X3D、IFC、RVT、DGN
	地理信息数据文件	DXF、SHP、SDB

6.2.2 数字签名电子文件应符合下列规定：

1 应包含符合规定、具有法律效力的电子签章或电子签名。

2 不得含有"批注""注释"。

3 文件存储格式应符合本标准表 6.2.1 的要求，其中数字化图纸宜包含原始图层信息。

4 电子图纸由 CAD 格式导成 PDF 格式时，应按照原图幅导出。

6.2.3 纸质文件数字复制件应符合下列规定：

1 应与相应纸质文件内容完全一致。

2 扫描色彩模式应最大限度保留档案原件信息：彩色原件应采用彩色模式进行扫描；页面为黑白两色、不带插图的档案，在不影响阅读效果的情况下可采用黑白二值模式扫描；页面为黑白两色、带有插图的档案，宜采用灰度模式扫描。

3 扫描分辨率应保证扫描后图像清晰、完整，不得小于 300 dpi，单个文件存储容量应小于 200 M；如果超过 200 M，应拆分成多份文件(单张图纸可不拆分),同时对应的卷内目录也应拆分成多条记录,每条记录的"文件(图纸)名称"应在其文件标题或图纸名称的全称后加"_"和从1开始的顺序号。

6.2.4 与数字签名电子文件和纸质文件数字复制件相对应的其他数字化附件,可同时收集,文件格式应满足本标准表6.2.1的要求。

6.2.5 工程电子档案索引目录数据结构应符合下列规定:

  1 基本信息表的填写应符合表6.2.5-1的规定,特殊情况下,文本型属性项可填"无",数值型属性项可填"0"。

表6.2.5-1 基本信息表

序号	属性名称	类型	约束性	填写要求
1	项目名称	文本	必填	宜填写建设工程规划许可证中建设项目名称或建设项目(工程)立项名称
2	建设地址	文本	必填	宜填写建设工程规划许可证中建设地址
3	项目编号1	文本	必填	应填写市发改委形成的项目编号
4	项目编号2	文本	必填	应填写市规划资源局形成的项目编号
5	项目编号3	文本	必填	应填写市住建委形成的项目编号
6	立项文件文号	文本	必填	填写完整、准确文号
7	建设用地规划许可证号	文本	必填	填写完整、准确证号
8	建设用地出让合同号	文本	必填	填写完整、准确合同号
9	不动产权证号	文本	必填	填写完整、准确证号
10	建设工程规划许可证号	文本	必填	填写完整、准确证号
11	竣工规划资源验收合格证号	文本	必填	填写完整、准确证号
12	竣工验收证号	文本	必填	填写完整、准确证号

续表6.2.5-1

序号	属性名称	类型	约束性	填写要求
13	总建筑面积(m²)	数值	必填	填写数字,保留2位小数,单位为m²
14	工程总投资(万元)	数值	必填	填写数字,保留2位小数,单位为万元
15	开工日期	日期	必填	填写年/月/日,示例:2001/03/16
16	竣工日期	日期	必填	填写年/月/日,示例:2001/03/16
17	建设单位	文本	必填	填全称
18	勘察单位	文本	必填	填全称
19	设计单位	文本	必填	填全称
20	施工单位	文本	必填	填全称
21	监理单位	文本	必填	填全称
22	档案编制单位	文本	必填	填全称
23	是否为上海市重大建设项目	文本	必填	填"是"或"否"
24	是否含不可移动文物或优秀历史建筑	文本	必填	填"是"或"否"
25	是否为涉密工程	文本	必填	填"是"或"否"
26	是否含涉密文件	文本	必填	填"是"或"否"
27	形成期满25年后是否可以向社会开放	文本	必填	填"是"或"否"
28	档案类别	文本	必填	报送市城建档案馆或区城建档案机构的,应按上海市城建档案分类大纲填写
29	密级	文本	必填	根据卷内文件的最高密级填写
30	编制日期	日期	必填	填写完成编制日期年/月/日,示例:2001/03/16

续表6.2.5-1

序号	属性名称	类型	约束性	填写要求
31	保管期限	文本	必填	应根据卷内文件的保存价值在永久、定期30年、定期10年中选择划定
32	建设单位移交经办人	文本	必填	填写建设单位移交经办人姓名
33	移交经办人电话	文本	必填	填写建设单位移交经办人电话
34	总卷数(卷)	数值	必填,整数	填写所有案卷的总数,包括文件卷数、审查合格施工图卷数、竣工图卷数、照片卷数和录像卷数,索引目录不计入总卷数
35	文件卷数(卷)	数值	必填,整数	填写所有文件案卷的总数
36	审查合格施工图卷数(卷)	数值	必填,整数	填写所有审查合格施工图案卷的总数
37	竣工图卷数(卷)	数值	必填,整数	填写所有竣工图案卷的总数
38	照片卷数(卷)	数值	必填,整数	填写所有照片案卷的总数
39	录像卷数(卷)	数值	必填,整数	填写所有录像案卷的总数
40	文件页数(页)	数值	必填,整数	填写本项目所有文件(包含附图)的总页数,包括数字签名电子文件与纸质文件数字复制件页数之和,不含数字化附件
41	图纸页数(页)	数值	必填,整数	填写本项目所有图纸(包含审查合格施工图和竣工图)的总页数,包括数字签名电子文件与纸质文件数字复制件页数之和,不含数字化附件
42	照片张数(张)	数值	必填,整数	填写本项目所有照片的总张数,不含数字化附件
43	纸质文件图纸件数(件)	数值	必填,整数	填写本项目所有纸质文件(包含附图)、图纸的总件数,不含数字化附件
44	电子文件个数(个)	数值	必填,整数	填写本项目所有电子文件的总数,包括数字签名电子文件、纸质文件数字复制件、照片电子文件、录像电子文件,不含索引目录文件、数字化附件

续表6.2.5-1

序号	属性名称	类型	约束性	填写要求
45	录像文件个数（个）	数值	必填,整数	填写本项目所有录像文件的总数,不含数字化附件
46	数字化附件个数（个）	数值	必填,整数	填写本项目所有数字化附件的总数

2 建(构)筑物单体表的填写应符合表 6.2.5-2(1)的规定,道桥单体表的填写应符合表 6.2.5-2(2)的规定,管线单体表的填写应符合表 6.2.5-2(3)的规定,特殊情况下,文本型属性项可填"无",数值型属性项可填"0"。

表 6.2.5-2(1)　建(构)筑物单体表

序号	属性名称	类型	约束性	填写要求
1	单体序号	数值	必填,整数	从1开始依次填写
2	单体名称	文本	必填	根据建设工程规划许可证和施工许可证相关信息或工程实际情况填写
3	建设工程规划许可证号	文本	必填	填写完整、准确证号
4	结构类型	文本	必填	填写单体的结构类型
5	建筑面积(m^2)	数值	必填	填写单体的建筑面积,数值保留2位小数,单位为 m^2
6	计容建筑面积(m^2)	数值	必填	填写单体的计容建筑面积,数值保留2位小数,单位为 m^2
7	地上建筑面积(m^2)	数值	必填	填写单体的地上建筑面积,数值保留2位小数,单位为 m^2
8	地下建筑面积(m^2)	数值	必填	填写单体的地下建筑面积,数值保留2位小数,单位为 m^2
9	高度(m)	数值	必填	填写单体的高度,数值保留2位小数,单位为 m
10	地上层数	数值	必填	填写单体的地上层数
11	地下层数	数值	必填	填写单体的地下层数

表6.2.5-2(2) 道桥单体表

序号	属性名称	类型	约束性	填写要求
1	单体序号	数值	必填,整数	从1开始依次填写
2	单体名称	文本	必填	填写道路、桥梁等单体名称
3	建设工程规划许可证号	文本	必填	填写完整、准确证号
4	路段(起)	文本	必填	填写路段里程号
5	路段(讫)	文本	必填	填写路段里程号
6	长度(m)	数值	必填	填写单体长度,单位为m,数值保留2位小数

表6.2.5-2(3) 管线单体表

序号	属性名称	类型	约束性	填写要求
1	单体序号	数值	必填,整数	从1开始依次填写
2	单体名称	文本	必填	填写单体名称
3	建设工程规划许可证号	文本	必填	填写完整、准确证号
4	管线类别	文本	必填	填写电力、供水、排水、燃气等管线类别
5	架空管线(地下管线)	文本	必填	填写"架空管线"或"地下管线"
6	长度(m)	数值	必填	填写管线实际长度,单位为m,数值保留2位小数

3 案卷目录表的填写应符合表6.2.5-3的规定,特殊情况下,文本型属性项可填"无",数值型属性项可填"0"。

表6.2.5-3 案卷目录表

序号	属性名称	类型	约束性	填写要求
1	案卷顺序号	数值	必填	应按案卷排列的先后顺序从"1"开始依次填写

续表6.2.5-3

序号	属性名称	类型	约束性	填写要求
2	案卷号	文本	必填	由档案类别、项目代号、阶段代号、阶段内流水号、项目总流水号等组成
3	案卷题名	文本	必填	应简明、准确地揭示卷内文件的内容
4	图纸页数	数值	必填,整数	填写本案卷所有图纸(包含审查合格施工图和竣工图)的总页数,包括数字签名电子文件与纸质文件数字复制件页数之和,不含数字化附件
5	文件页数	数值	必填,整数	填写本案卷所有文件(包含附图)的总页数,包括数字签名电子文件与纸质文件数字复制件页数之和,不含数字化附件
6	其他页数	数值	选填,整数	填写本案卷所有照片的总张数,所有录像文件的总数,不含数字化附件
7	纸质文件图纸件数	数值	必填,整数	填写本案卷所有纸质文件(包含附图)、图纸的总件数,不含数字化附件
8	电子文件件数	数值	选填,整数	填写本案卷所有电子文件的总数,包括数字签名电子文件、纸质文件数字复制件、照片电子文件、录像电子文件,不含索引目录文件、数字化附件
9	数字化附件文件个数	数值	选填,整数	填写本案卷所有数字化附件的总数
10	备注	文本	选填	应填写需要说明的内容

4 卷内目录表的填写应符合表 6.2.5-4 的规定,特殊情况下,文本型属性项可填"无",数值型属性项可填"0"。

表 6.2.5-4 卷内目录表

序号	属性名称	类型	约束性	填写要求
1	案卷顺序号	数值	必填	应与表6.2.5-3中对应的案卷顺序号保持一致
2	卷内顺序号	数值	必填	应按卷内文件排列的先后顺序从"1"开始依次填写

续表6.2.5-4

序号	属性名称	类型	约束性	填写要求
3	文件(图纸)名称	文本	必填	应填写文件标题或图纸名称的全称
4	文件(图纸)编号	文本	必填	文件应填写原有的文号即文件的发文号或文件的编号,图纸应填写原有的图号
5	文件类型	文本	必填	"图纸""文件""其他"三选一
6	页数	数值	必填	应填写一份文件(图纸)所有页数的总数,不含数字化附件
7	图幅	文本	必填	应填写文件或图纸的尺寸,应用国家标准图幅标示;文件或图纸图幅加长的,应符合国家相关规定,并在填写图幅后在备注栏中注明"加长"
8	纸质文件类型	文本	必填	原件(简称"YJ")、复印件(简称"FY")或无(简称"W"),"YJ""FY""W"三选一
9	电子文件类型	文本	必填	数字签名电子文件(简称"Q")、纸质数字复制件(简称"S"),"Q""S"二选一
10	纸质文件图纸件数	数值	必填	无应填"0",有应填"1"
11	数字签名电子文件和纸质文件数字复制件件数	数值	必填	无应填"0",有应填"1"
12	数字化附件文件个数	数值	必填	无默认填"0"
13	备注	文本	选填	应填写需要说明的内容

5 照片卷内目录表的填写应符合表 6.2.5-5 的规定,特殊情况下,文本型属性项可填"无",数值型属性项可填"0"。

表6.2.5-5 照片卷内目录表

序号	属性名称	类型	约束性	填写要求
1	案卷顺序号	数值	必填	应与表6.2.5-3中对应的案卷顺序号保持一致
2	卷内顺序号	数值	必填	应按卷内文件排列的先后顺序从"1"开始依次填写
3	照片内容	文本	必填	应如实填写
4	文件格式	文本	必填	应如实填写
5	拍摄时间	日期	必填	应填写年/月/日以及时:分,示例:2001/03/16 16:18
6	地点	文本	必填	应如实填写
7	摄影者	文本	必填	应填写拍摄者姓名
8	照片张数	数值	必填	应填写"1"
9	电子文件件数	数值	必填	应填写"1"
10	备注	文本	选填	应填写需要说明的内容

6 录像卷内目录表的填写应符合表6.2.5-6的规定,特殊情况下,文本型属性项可填"无",数值型属性项可填"0"。

表6.2.5-6 录像卷内目录表

序号	属性名称	类型	约束性	填写要求
1	案卷顺序号	数值	必填	应与表6.2.5-3中对应的案卷顺序号保持一致
2	卷内顺序号	数值	必填	应按卷内文件排列的先后顺序从"1"开始依次填写
3	录像内容	文本	必填	应如实填写
4	文件格式	文本	必填	应如实填写
5	片长	文本	必填	应填写录像片长,示例:15分钟30秒
6	拍摄时间段	文本	必填	应填写录像拍摄起止时间段,示例:2021/03/16—2023/03/16

续表6.2.5-6

序号	属性名称	类型	约束性	填写要求
7	地点	文本	必填	应如实填写
8	摄影者	文本	必填	应填写拍摄者姓名
9	录像个数	数值	必填	应填写"1"
10	电子文件件数	数值	必填	应填写"1"
11	数字化附件个数	数值	必填	应填写"1"
12	备注	文本	选填	应填写需要说明的内容

6.3 建设项目(工程)电子档案的载体要求

6.3.1 离线移交工程电子档案的存储介质应采用一次性写入档案级可录类蓝光光盘,光盘盒应为硬壳盒。

6.3.2 光盘应符合下列规定:

1 光盘质量应符合现行行业标准《电子档案存储用可录类蓝光光盘(BD-R)技术要求和应用规范》DA/T 74 的规定。

2 光盘盒封面应有标签,标签上应注明载体序号、密级、项目名称、建设单位、案卷起止序号等。光盘盒封面标签样式见图 6.3.2。

载体序号		密级	
项目名称:			
建设单位:			
案卷起止序号			

图 6.3.2 光盘盒封面标签

3 移交单位应使用专门的光盘标签书写笔或专用的光盘标签打印机在光盘标签面进行载体标注,标注内容应包含项目名称、密级。

7 建设项目(工程)纸质档案的整理

7.1 建设项目(工程)纸质档案的构成

7.1.1 竣工档案应提交纸质索引目录。索引目录包括编制说明、案卷备考信息汇总表、基本信息表、单体表、案卷目录、卷内目录。索引目录不计入总卷数。

7.1.2 编制说明的样式应按本标准附录C执行,可提交纸质原件,亦可提交数字签名电子文件的纸质打印件。

7.1.3 案卷备考信息汇总表的样式应按本标准附录D执行,案卷备考信息汇总表的填写应符合下列规定:

  1 案卷顺序号:应按案卷排列的先后顺序从"1"开始依次填写。

  2 文件页数(页):应填写本案卷所有文件(包含附图)的总页数,包括数字签名电子文件与纸质文件数字复制件页数之和,不含数字化附件。

  3 图纸页数(页):应填写本案卷所有图纸(包括审查合格施工图和竣工图)的总页数,包括数字签名电子文件与纸质文件数字复制件页数之和,不含数字化附件。

  4 其他页数(页):应填写本案卷所有照片的总张数,所有录像文件的总数,不含数字化附件。

  5 合计页数(页):应填写以上所有页数的总数。

  6 说明:应填写需要说明的内容。

  7 立卷人签名:应为案卷立卷责任人签名。

  8 审核人签名:应为建设单位的案卷立卷质量审核人签名。

7.1.4 基本信息表的样式应按本标准附录 E 执行,基本信息表的填写应符合本标准表 6.2.5-1 的规定。

7.1.5 单体表的样式应按本标准附录 F 表执行,单体表的填写应符合本标准表 6.2.5-2(1)～表 6.2.5-2(3))的规定。

7.1.6 案卷目录的样式应按本标准附录 G 执行,案卷目录的填写应符合本标准表 6.2.5-3 的规定。

7.1.7 卷内目录(照片、录像除外)的样式应按本标准附录 H 执行,卷内目录的填写应符合本标准表 6.2.5-4 的规定,排列在卷内文件之前。若一并归档某份文件或图纸的其他格式数字化附件,应在该份文件或图纸对应的备注中注明含数字化附件(简称"F"),采用简写形式填入相应空格中。

7.1.8 照片卷内目录的样式应按本标准附录 J 执行,照片卷内目录的填写应符合本标准表 6.2.5-5 的规定。

7.1.9 录像卷内目录的样式应按本标准附录 K 执行,录像卷内目录的填写应符合本标准表 6.2.5-6 的规定。

7.1.10 案卷应包括以下内容:案卷封面、卷内目录、工程文件、案卷备考表。

7.1.11 案卷封面的材质应为 120 g 牛皮纸。案卷封面的样式应按本标准附录 L 执行,案卷封面的填写应符合下列规定:

1 档号:档号应由档案保管单位填写。报送市城建档案馆或区城建档案机构的档案,其档号应由档案类别[大类(属类-小类)]+市、区、派出机构、受委托机构代码+年份+流水号组成。

2 档案馆(室)号:填写国家给定的档案馆的编号。由市城建档案馆或区城建档案机构填写。

3 档案类别、项目名称、建设单位、编制日期、保管期限、密级的填写应符合本标准表 6.2.5-1 的规定。

4 案卷题名的填写应符合本标准表 6.2.5-3 的规定。

5 共××卷 第××卷:应分别填写整套竣工档案的总卷数及某一案卷在总卷数中的排列顺序。

7.1.12 案卷备考表的材质应为 120 g 牛皮纸。案卷备考表的样式应按本标准附录 M 执行,案卷备考表的填写应符合本标准第 7.1.3 条的规定。

7.2 建设项目(工程)纸质档案的规格和装订

7.2.1 工程文件中小于 A4 幅面的纸质文件应进行托裱。

7.2.2 托裱纸必须采用 A4 白纸,应单张托裱,文件材料的右边和底边应与托裱纸的右边和底边贴齐。

7.2.3 卷内纸质工程文件均应编页号。单面书写的文件页号应在右上角;双面书写的文件页号,正面应在右上角,背面应在左上角;空白页不编页号。文件托裱的页号应标在原文件上。

7.2.4 单独成卷的纸质图纸不得装订,应按 A4 幅面(297 mm×210 mm)的规格折叠,图面应朝里,图标应外露,页号应标在图面的右上角,折叠方法应按本标准附录 N 执行。

7.3 档案盒

7.3.1 档案盒应为 320 mm×220 mm×50 mm 内径的纸质硬盒,胶水应用硫磷酸酯和富马酸二甲酯。

7.3.2 档案盒封面的填写内容应参照本标准第 7.1.11 条的规定。档案盒封面的样式应按本标准附录 P 执行。

7.3.3 档案盒脊背的样式应按本标准附录 Q 执行。

7.3.4 档案盒脊背的填写内容应符合下列规定:

    1 档号:应符合本标准第 7.1.11 条的规定。

    2 案卷号:应符合本标准表 6.2.5-3 的规定。

8 建设项目(工程)声像档案

8.1 建设项目(工程)声像档案的接收范围

8.1.1 本标准适用范围内的建设项目(工程)均应制作工程照片。

8.1.2 市重大建设项目、不可移动文物和优秀历史建筑或总投资在人民币 5 亿元以上的建设项目(工程),除应制作工程照片外,还应制作工程录像。

8.2 建设项目(工程)声像档案的内容

8.2.1 一般建设项目(工程)应拍摄下列内容:
  1 工程前期准备阶段应包括下列内容:
   1)开工前区域原貌、拆迁情况、重要地物等;
   2)工程项目重要的合同签字、开工仪式等;
   3)工程立项文件、沙盘模型、效果图等。
  2 工程施工阶段应包括下列内容:
   1)地基及基础施工,包括桩基、基础开挖、基础钢筋、基础浇灌、基础回填等;
   2)主体结构施工,包括梁、柱、楼板钢筋安装、砌体结构、混凝土浇筑、钢结构装配等关键工序、重要部位施工;
   3)装修装饰施工,包括门窗、吊顶、饰面板、饰面砖、幕墙等安装;
   4)设施设备安装,包括屋面、给排水、供暖、通风空调、电气安装等。

3 工程项目竣工阶段应包括下列内容：
  1） 工程竣工、验收仪式；
  2） 工程整体外观和立面状况，重点单体工程立面及平面功能；
  3） 地下车库、设备用房、消防、绿化、附属和配套设施等情况。
4 其他方面应包括下列内容：
  1） 工程建设中的重要会议，如专家论证会、协调会等；
  2） 上级领导、建设单位重要负责人及专家考察、检查工作等相关重要活动；
  3） 重大奖项评选活动。

8.2.2 优秀历史建筑改建拍摄内容除一般建设项目（工程）拍摄内容外，还应包括下列内容：
1 工程立项、可行性研究方案、审查批准等重要活动。
2 重点保护部位修缮前情况。
3 根据建筑特点进行改建的重要施工工序应包括下列内容：
  1） 基础、柱、梁、楼板改建、加固等；
  2） 隐蔽管线工程安装；
  3） 墙面修复、门窗更换、地板铺装、吊顶装饰等；
  4） 室内内部格局变化及设备安装等。
4 重点保护部位修缮后情况等。

8.3 建设项目（工程）声像档案的质量

8.3.1 工程照片应图像清晰，同一单体应能提供不同角度（阶段）的照片。

8.3.2 以传统感光材料为载体的工程照片应扫描成 TIFF 电子格式，扫描精度不得小于 300 dpi。

8.3.3 数码工程照片宜使用专业相机 RAW 格式拍摄,感光元件面积尺寸不得小于 22.5 mm×15.0 mm(APS-C 画幅),像素不得小于 2 400 万,影像不得进行后期加工。

8.3.4 录像应图像清晰、解说正确、画面满幅显示,字幕不可影响图像。图像分辨率不得小于 1 920×1 080,片长不得小于 15 min。视频编码格式为各厂商通用编码格式,封装格式为 MXF 格式,帧率不得小于 50 帧/s,码率不得小于 35 Mb/s。

8.3.5 录像解说词应为录像的数字化附件,提供 Word 格式的电子文档,样式应按本标准附录 R 执行。

附录 A 建设项目(工程)竣工档案归档范围

表 A 建设项目(工程)竣工档案归档范围

序号	归档文件	保存单位 建设单位	保存单位 城建档案机构
一、前期阶段文件			
(一)	**立项文件**		
1	项目建议书审批文件及项目建议书报告和附件	▲	△
2	项目可行性研究报告审批文件及项目可行性研究报告和附件	▲	△
3	投资项目核准、备案文件或有关计划部门出具的立项文件及报告和附件	▲	△
4	建设项目列入年度计划的申报文件	▲	
5	建设项目列入年度计划的批复文件或年度计划项目表	▲	△
6	关于立项有关的会议纪要、重要发言、专家建议等文件	▲	▲
7	调查资料及项目评估研究材料	▲	
(二)	**规划土地审批**		
1	建设项目用地预审与选址意见书及附件	▲	
2	规划土地意见书及附件	▲	
3	建设用地规划许可证及附件	▲	
4	建设用地批准书及附件	▲	
5	国有建设用地划拨决定书及附件	▲	
6	土地出让、转让合同及附件、土地招拍挂文件及拍卖、中标通知	▲	

续表A

序号	归档文件	保存单位 建设单位	保存单位 城建档案机构
7	不动产权证书	▲	
8	规划设计条件征询及回复文件	▲	
9	建设工程设计方案审批及意见征询文件	▲	
10	建设工程规划许可证及附件	▲	
11	乡村建设规划许可证及附件	▲	
12	开工放样复验审批文件	▲	
13	土地勘测定界报告、房屋土地权属调查报告书	▲	▲
（三）	环境影响、地震安全、危险化学品建设项目安全条件等有关部门审批文件及报告和附件	▲	△
（四）	拆迁安置意见、协议、方案等	▲	
（五）	招投标文件		
1	勘察、设计招投标文件及承包合同	▲	
2	施工招投标文件及合同	▲	
3	监理招投标文件及合同	▲	
4	设备等其他招投标文件及合同	▲	
（六）	应归档的其他内容	▲	○
二、设计阶段文件			
（一）	设计基础文件		
1	工程地质勘察报告	▲	▲
2	水文地质勘察报告、自然条件、地震调查	▲	▲
3	地形测量成果报告	▲	▲
4	文保挖掘勘探报告	▲	▲

续表A

序号	归档文件	保存单位 建设单位	保存单位 城建档案机构
(二)	**设计文件及图纸**		
1	方案设计文件、图纸及评审、审批文件	▲	▲
2	初步设计文件、图纸及评审、审批文件	▲	▲
3	审查合格施工图、设计说明书及设计计算书	▲	▲
4	政府有关部门(审图、民防、文旅、绿化、水务、交通、海洋、节能等)的审查意见、审批文件(证件)、备案文件、第三方评估报告	▲	△
5	工程投资估算材料	▲	
6	工程设计概算材料	▲	
7	施工图预算材料	▲	
8	改扩建工程房屋质量检测报告	▲	▲
(三)	**应归档的其他内容**	▲	○
	三、施工阶段文件		
	建(构)筑工程		
(一)	**开工审批文件**		
1	建设工程开工审查表	▲	
2	建设工程施工许可证	▲	△
3	工程质量监督手续文件	▲	
(二)	**施工组织设计文件**		
1	施工组织设计审批表	▲	
2	施工组织设计修改审批表	▲	
3	施工组织设计	▲	
(三)	**施工技术管理文件**		
1	建设工程质量人员从业资格审查表	▲	▲

续表A

序号	归档文件	保存单位	
		建设单位	城建档案机构
2	建设工程特殊工种人员上岗审查表	▲	▲
3	深基坑等危大(超规模危大)工程评审论证资料	▲	▲
4	水准点、标高测量成果报告(含验收记录及第三方测量记录)	▲	▲
5	各类工程桩施工记录汇总表、桩位轴线和标高偏差汇总表及桩位偏差图	▲	▲
6	地基加固及围护桩施工记录汇总表及平面布置图	▲	▲
7	图纸会审纪要、设计交底纪要、设计修改通知单、技术核定单等设计变更依据性文件及汇总表	▲	▲
8	技术质量交底记录	▲	
9	施工现场质量管理检查记录	▲	
10	建设工程开工报告	▲	▲
11	建设工程复工报告	▲	▲
12	建设工程竣工报告	▲	▲
13	工程质量一般事故报告	▲	▲
14	工程质量重大事故报告	▲	▲
15	工程质量保修书	▲	▲
16	施工日志	▲	
17	地基验槽记录	▲	▲
18	建筑工程沉降观测点、基准点、专用水准点平面位置布置图	▲	▲
19	建(构)工程测量复核单	▲	▲
20	建(构)筑物沉降观测成果	▲	▲
21	垂直测量成果表	▲	▲
22	隐蔽工程验收单	▲	
23	工程技术复核单	▲	
24	施工记录	▲	

续表A

序号	归档文件	保存单位 建设单位	保存单位 城建档案机构
(四)	**工程质量保证文件**	▲	
1	质量证明资料	▲	
2	桩基检测报告	▲	▲
3	幕墙物理性能检测报告	▲	▲
4	其他各类检测(试验)资料	▲	
(五)	**工程质量验收文件**		
1	单位(子单位)工程质量竣工验收记录	▲	▲
2	单位(子单位)工程质量控制资料核查记录	▲	▲
3	单位(子单位)工程安全和功能检验资料核查及主要功能抽查记录	▲	▲
4	单位(子单位)工程观感质量检查记录	▲	▲
5	分部(子分部)工程质量验收记录	▲	▲
6	分项工程质量验收工程记录	▲	
7	检验批质量验收记录	▲	
8	住宅工程质量分户验收记录	▲	▲
9	质监机构签发的质量不合格项目通知(含整改通知、停工单暂缓施工指令)	▲	▲
10	质量整改报告及复查意见	▲	▲
(六)	**应归档的其他内容**	▲	○
	市政工程(通用)		
(一)	**开工审批文件**		
1	建设工程开工审查表	▲	
2	建设工程施工许可证(含掘路许可)	▲	△
3	工程质量监督手续文件	▲	
(二)	**施工组织设计文件**		

续表A

序号	归档文件	保存单位	
		建设单位	城建档案机构
1	施工组织设计审批表	▲	
2	施工组织设计	▲	
(三)	**施工技术管理文件**		
1	建设工程质量人员从业资格审查表	▲	▲
2	建设工程特殊工种人员上岗审查表	▲	▲
3	深基坑等危大(超规模危大)工程评审论证资料	▲	▲
4	市政工程开、竣工报告	▲	▲
5	技术交底记录	▲	
6	图纸会审纪要、设计交底纪要、设计修改通知单、技术核定单等设计变更依据性文件及汇总表	▲	▲
7	工程质量事故报告	▲	▲
8	工程质量事故处理记录	▲	▲
9	补救达到要求的认可证明文件	▲	▲
(四)	**测量文件**		
1	交桩书	▲	▲
2	导线点复测记录	▲	
3	临界时水准点放样复核记录表	▲	▲
4	工程基准线放样、复核及监理复核记录	▲	
5	工程控制点放样、复核及监理复核记录	▲	
6	各道工序放样、复核及监理复核记录	▲	▲
7	高程、沉降观测等记录表及观测点布置图	▲	▲
8	土基压实度汇总表	▲	
9	道路弯沉值测量记录表	▲	▲
10	碎石、砾石、三渣基层压实密度汇总表	▲	

续表A

序号	归档文件	保存单位 建设单位	保存单位 城建档案机构
11	沥青混合料压实度、厚度汇总表	▲	
12	井内尺寸管底高程竣工测量记录汇总表	▲	▲
13	污水构筑物各主要部分实测高程汇总表	▲	▲
14	隧道圆环轴线位置记录表	▲	▲
15	连续墙垂直度检验汇总表	▲	▲
16	沉井轴线、刃脚平均高程、倾斜率检测表	▲	▲
（五）	各工序施工原始记录		
1	基坑处理施工记录	▲	
2	混凝土浇注记录	▲	
3	桩位总体布置图		▲
4	墩（台）沉入桩记录汇总表	▲	▲
5	墩（台）桩位编号、偏差图	▲	▲
6	打桩记录	▲	▲
7	钻孔桩记录汇总表	▲	▲
8	钻孔桩成孔质量检查记录	▲	▲
9	钻孔桩钻进记录	▲	
10	钻孔桩水下混凝土灌注记录	▲	
11	结构吊装施工记录	▲	
12	箱涵顶进记录	▲	
13	预应力钢筋张拉记录表	▲	
14	沉井工程下沉记录	▲	
15	排水管道闭水试验记录	▲	
16	地基加固及围护施工记录	▲	

续表A

序号	归档文件	保存单位	
		建设单位	城建档案机构
17	地基加固及围护施工记录汇总表及平面布置图	▲	▲
18	其他各类施工原始记录及汇总(含施工日记)	▲	
(六)	**工程质量保证文件**		
1	主体结构技术质量试验资料(施工记录类及施工试验报告)	▲	
2	各类原材料试验及各种预制件质量资料、合格证明及汇总表	▲	
3	工程总体质量综合试验资料(使用功能试验记录)	▲	
4	桩基检测报告	▲	▲
(七)	**工程质量验收文件**		
1	单位工程、部位、工序工程划分表	▲	▲
2	单位工程质量评定表	▲	
3	各道工序质量评定表	▲	
4	各道工序隐蔽工程验收记录	▲	
5	关键工序验收证明汇总表	▲	
6	关键工序质量验收记录	▲	
7	市政工程质量保证资料评分表	▲	▲
8	外观项目评分表	▲	▲
9	实测项目检查评分表(实测抽查记录)	▲	▲
10	单位工程质量综合评分表	▲	▲
11	单位(子单位)工程竣工质量验收记录	▲	▲
12	分部(子分部)工程质量验收记录	▲	▲
13	分项工程质量验收记录	▲	
14	检验批施工质量验收记录	▲	
(八)	**应归档的其他内容**	▲	○

续表A

序号	归档文件	保存单位	
		建设单位	城建档案机构
市政工程(轨道交通)			
轨道交通土建工程			
(一)	**综合管理文件**		
1	施工许可证	▲	△
2	建设工程质量人员从业资格审查表	▲	▲
3	开、竣工报告	▲	▲
4	施工预算	▲	
5	施工组织设计报审表(批复)、审批表及施工组织设计	▲	
6	图纸会审记录、设计交底会议纪要、施工图交底记录	▲	▲
7	技术交底记录	▲	
8	设计变更依据性文件及汇总表	▲	▲
9	有关重大工程质量问题的往来文件及会议纪要	▲	▲
10	关于工程量、工程费用的工程洽商记录	▲	
11	工程质量事故报告及处理记录、无事故证明书	▲	▲
12	工程质量保修书	▲	▲
13	施工大事记	▲	
14	施工技术总结	▲	
(二)	**施工技术文件**		
1	交接桩表及复核	▲	▲
2	施工过程中放样、复核	▲	▲
3	竣工测量	▲	▲
4	沉降观测记录及曲线图	▲	▲
5	环境监测总结、汇总表、点位布置图、停测报告	▲	▲

续表A

序号	归档文件	保存单位 建设单位	保存单位 城建档案机构
6	结构及隧道内的裂缝、渗漏水点线示意图	▲	▲
7	防迷流实测数据表	▲	▲
8	车站结构接地测试记录	▲	
9	连续墙垂直度检验汇总表	▲	▲
10	隐蔽工程检查验收记录	▲	
11	工程桩施工记录	▲	
12	工程桩施工记录汇总表、偏差表	▲	▲
13	工程桩桩位偏差图	▲	▲
14	地基加固及围护桩施工记录	▲	
15	地基加固及围护桩施工记录汇总表	▲	▲
16	地基加固及围护桩平面布置图	▲	▲
17	深基坑等危大(超规模危大)工程评审论证资料	▲	▲
18	桩基检测报告	▲	
19	各类功能性测试报告	▲	
20	材料质保书及试验报告	▲	
(三)	**工程质量验收文件**		
1	单位、部位、工序划分表	▲	▲
2	单位(子单位)工程质量竣工验收记录	▲	▲
3	单位(子单位)工程质量控制资料核查记录	▲	▲
4	单位(子单位)工程安全和功能检验资料核查及主要功能抽查记录	▲	▲
5	单位(子单位)工程观感质量检查记录	▲	▲
6	分部工程质量评定表及检验批记录	▲	▲

续表A

序号	归档文件	保存单位 建设单位	保存单位 城建档案机构
7	分项(工序)质量评定表及检验批记录	▲	
8	关键工序验收证明汇总表	▲	
9	关键工序质量验收记录	▲	
(四)	应归档的其他内容	▲	○
轨道交通机电工程			
(一)	综合管理文件		
1	施工许可证	▲	△
2	建设工程质量人员从业资格审查表	▲	▲
3	开、竣工报告	▲	▲
4	施工预算	▲	
5	施工组织设计报审表(批复)、审批表及施工组织设计	▲	
6	图纸会审记录、设计交底会议纪要、施工图交底记录	▲	▲
7	技术交底记录	▲	
8	设计变更依据性文件及汇总表	▲	▲
9	有关重大工程质量问题的往来文件及会议纪要	▲	▲
10	涉及工程量、工程费用的技术核定单或业务联系单	▲	
11	工程事故报告及调查处理报告或无事故报告	▲	▲
12	工程质量保修书	▲	▲
13	施工大事记	▲	
14	安装技术总结	▲	
(二)	施工技术文件		
1	管线标高、位置、坡度测量记录	▲	▲
2	隐蔽工程检查验收记录	▲	

续表A

序号	归档文件	保存单位 建设单位	保存单位 城建档案机构
3	设备、材料开箱记录、随机工具、备件清单	▲	
4	设备安装完成测试报告、验收报告	▲	
5	各类功能性试验及检测报告	▲	
6	各类设备和材料试验报告	▲	
7	设备的电路图及电路说明、安装图及安装说明、操作手册、维护手册、命令手册、受电方案、检验手册、资料手册、软件系统的说明、设备制作图、设备移交清点记录及管理资料(含移交运营接管单位的设备清单及文件清单)	▲	
(三)	**工程质量验收文件**		
1	单位、部位、工序划分表	▲	▲
2	单位(子单位)工程质量竣工验收记录	▲	▲
3	分部工程质量评定表及检验批记录	▲	▲
4	分项(工序)质量评定表及检验批记录	▲	
5	关键工序验收证明汇总表	▲	
6	关键工序质量验收记录	▲	
(四)	**应归档的其他内容**	▲	○
	市政工程(水运、水利)		
	市政工程(水运)		
(一)	**施工组织设计文件**		
1	施工组织设计(专项方案)审批表	▲	
2	施工组织设计(专项方案)	▲	
(二)	**施工技术管理文件**		
1	水上水下活动许可等相关文件	▲	
2	水运工程质量人员从业资格审查表	▲	▲
3	水运工程质量人员资格证书	▲	

续表A

序号	归档文件	保存单位 建设单位	保存单位 城建档案机构
4	项目特种作业人员汇总表	▲	▲
5	项目特种作业人员作业证书	▲	
6	建设工程开工备案表	▲	
7	工程开工报告	▲	▲
8	工程竣工报告	▲	▲
9	图纸会审纪要、设计交底纪要、设计修改通知单、技术核定单等设计变更依据性文件及汇总表	▲	▲
10	技术交底记录	▲	
11	水运工程施工现场质量管理检查记录	▲	▲
12	工程质量事故报告单	▲	▲
13	施工日志	▲	
(三)	测量文件		
1	交桩书	▲	▲
2	工程测量控制点验收记录	▲	▲
3	施工测量基线和水准点验收记录	▲	▲
4	水工建筑物沉降和位移汇总表	▲	▲
5	水工建筑物沉降观测记录	▲	▲
6	水工建筑物位移观测记录	▲	▲
(四)	各类施工记录		
1	各类隐蔽工程验收记录及汇总表	▲	
2	水下基槽开挖断面测量验收记录	▲	
3	水下基床夯实验收记录(方格网法)	▲	
4	水下基床夯实验收记录(随机选点法)	▲	
5	水下基床整平记录	▲	

续表A

序号	归档文件	建设单位	城建档案机构
		保存单位	
6	各类桩、地下连续墙施工综合记录	▲	
7	各类桩、地下连续墙施工现场记录	▲	
8	沉箱(空心块体)安装综合记录	▲	
9	扶壁安装综合记录	▲	
10	半圆体安装综合记录	▲	
11	方块安装综合记录	▲	
12	卸荷板安装综合记录	▲	
13	梁类构件安装综合记录	▲	
14	板类构件安装综合记录	▲	
15	锚碇拉杆安装综合记录	▲	
16	钢轨安装综合记录	▲	
17	液压管路压力和严密性试验记录	▲	
18	电气线路和电气设备绝缘电阻测试记录	▲	
19	电气接地装置接地电阻测试记录	▲	
20	低压电气设备交接试验记录	▲	
21	承压管道、阀门强度及严密性试验记录	▲	
22	非承压管道灌水试验记录	▲	
23	排水管道通球试验记录	▲	
24	施工质量返工处理记录	▲	
25	结构裂缝检查验收记录	▲	
26	结构渗漏情况检查验收记录	▲	
27	起重装卸设备安全装置的质量检验记录	▲	
28	输送设备安全装置的质量检验记录	▲	

续表A

序号	归档文件	保存单位 建设单位	保存单位 城建档案机构
(五)	**工程质量保证文件**		
1	原材料(构配件)进场验收记录(通用)	▲	
2	设备开箱检查记录	▲	
3	各类原材料试验及各种预制件质量资料、合格证明及汇总表	▲	
4	各类检测报告及汇总表	▲	
5	各类设备安装记录、检测记录、试验记录、调试记录、试运转记录	▲	
(六)	**工程质量验收文件**		
1	单位工程、部位、工序工程划分表	▲	▲
2	单位(子单位)工程质量检验记录表	▲	▲
3	建设项目和单项工程质量检验汇总表	▲	▲
4	单位(子单位)工程观感质量评价表	▲	▲
5	单位(子单位)工程质量控制资料核查记录	▲	▲
6	单位(子单位)工程安全和功能检验资料核查及主要功能抽查记录	▲	▲
7	分部(子分部)工程质量验收记录	▲	▲
8	分项工程质量验收记录	▲	
9	检验批施工质量验收记录	▲	
10	基建性和一次性维护疏浚工程质量检验成果表	▲	▲
11	挖岩与清渣工程质量检验成果表	▲	
12	疏浚工程质量检验表	▲	
13	疏浚工程质量检验成果表	▲	
14	第三方疏浚报告及图纸	▲	▲
15	吹填工程质量检验成果表	▲	

续表A

序号	归档文件	保存单位 建设单位	保存单位 城建档案机构
(七)	应归档的其他内容	▲	○
	市政工程(水利)		
1	施工项目部组建、印章启用、人员任命文件	▲	▲
2	进场人员资质报审文件	▲	
3	施工设备、仪器进场报审及设备仪器校验、率定文件	▲	
4	工程技术要求、技术(安全)交底、图纸会审纪要	▲	▲
5	施工组织设计、施工方案及报审文件	▲	
6	施工计划、施工技术及安全措施、施工工艺及报审文件	▲	
7	工地实验室成立、资质、授权及外委试验协议、资质文件	▲	
8	原材料及构配件进场报验文件(出厂合格证、质量保证书、进场试验检验台账等)	▲	
9	原材料、半成品、终产品与构配件的见证取样记录及各种试验检验报告、试验检验台帐等文件	▲	
10	工程项目划分报审文件	▲	▲
11	合同标段开工报审文件	▲	▲
12	设计技术(安全)交底、作业指导书、图纸会审及回复文件、强制性条文实施文件	▲	▲
13	交桩记录及复测记录文件	▲	▲
14	施工定位、施工放样、控制测量及报审文件	▲	▲
15	配合比设计(含砂石骨料实验室)及商混质量保证文件	▲	
16	混凝土浇筑(开仓)报审文件	▲	
17	单元工程(含隐蔽工程、关键部位)质量验收、评定报审文件(工序、三检、试验、测量、施工记录等)及验收评定台账	▲	
18	设备及管线焊接工艺评定报告,焊接试验记录、报告,施工检验记录、报告,管道单线图(管段图)	▲	

续表A

序号	归档文件	保存单位	
		建设单位	城建档案机构
19	设备及管线强度、密闭性等试验检测记录、报告,联动试车方案、记录、报告、安装记录	▲	
20	分部工程验收申请、批复、分部工程质量评定表、工作报告、验收鉴定书	▲	▲
21	单位工程验收申请、批复、外观及单位工程质量评定表、各方工作报告、验收鉴定书	▲	▲
22	工程或设备变化状态(测试、沉降、位移、变形等)的各种监测记录及分析文件	▲	▲
23	缺陷处理方案、记录及验收、备案文件	▲	▲
24	设计(变更)通知、设代函,有关工程变更的洽商单、联系单、报告单、申请、指示及批复文件	▲	▲
25	原材料、零部件、设备、代用变材变价的审批、技术核定单及工程变更台账文件	▲	
26	合同变更索赔文件	▲	
27	水土保持、环境保护实施与监测文件	▲	
28	施工期间的有关投资、质量、进度、安全、环保、相关事件的各类报告单、请示等文件	▲	
29	施工日志、月报、年报、大事记	▲	
30	应归档的其他内容	▲	○
市政工程(220 kV及以上输变电架空线路工程)			
(一)	**施工技术管理文件**		
1	施工图设计交底纪要、记录	▲	▲
2	施工图会检纪要	▲	
3	施工项目管理实施规划(项目管理实施规划)及报审	▲	
4	施工方案(技术措施、作业指导书)及报审	▲	
5	施工技术交底记录	▲	

续表A

序号	归档文件	保存单位	
		建设单位	城建档案机构
6	工程进度计划(调整计划)及报审	▲	
7	工程设计变更单及报审	▲	▲
8	工程设计变更执行报验及报审	▲	
9	设计变更单及工程联系单汇总	▲	▲
10	材料、零部件、设备代用审批	▲	
11	设计变更通知单汇总报检	▲	
(二)	**杆塔及基础**		
1	开(复)工报告及报审	▲	▲
2	质量验评划分及报审	▲	▲
3	运行杆号与施工杆号对照表	▲	▲
4	土石方工程分部工程开工报审	▲	▲
5	路径复测记录表及报审	▲	▲
6	普通基础分坑及开挖检查记录	▲	
7	掏挖式基础分坑检查记录	▲	
8	灌注桩基础分坑检查记录	▲	▲
9	施工基面及电气开方检查记录	▲	
10	土石方工程其他资料	▲	
11	基础工程分部工程开工报审	▲	▲
12	现浇铁塔基础检查及评级记录	▲	
13	现浇铁塔拉线基础(含锚杆拉线)检查及评级记录	▲	
14	装配式基础检查及评级记录	▲	
15	混凝土电杆塔基础检查及评级记录	▲	
16	岩石、掏挖铁塔基础检查及评级记录	▲	
17	灌注桩基础检查及评级记录	▲	

续表A

序号	归档文件	保存单位	
		建设单位	城建档案机构
18	灌注桩群桩基础检查及评级记录	▲	
19	贯入桩基础检查及评级记录	▲	
20	隐蔽工程(基础浇前、支模)签证记录	▲	
21	隐蔽工程(基础浇制)签证记录	▲	
22	隐蔽工程(基础拆模)签证记录	▲	
23	隐蔽工程灌注桩(挖孔桩)签证记录	▲	
24	隐蔽工程灌注桩(挖孔桩)基础承台(连梁)签证记录	▲	
25	桩基检测报告	▲	▲
26	杆塔工程分部工程开工报审	▲	▲
27	自立式铁塔组立检查及评级记录	▲	
28	拉线铁塔组立检查及评级记录	▲	
29	混凝土电杆组立检查及评级记录	▲	
30	杆塔拉线压接管施工检查及评级记录	▲	
31	防坠落检查及评级记录	▲	
32	材料出厂文件、复试报告及报审、报验	▲	
33	铁塔开箱检查申请及检查记录	▲	
(三)	机电安装		
1	架线工程分部工程开工报审	▲	▲
2	导、地线展放施工检查及评级记录	▲	
3	导、地线直线爆压管施工检查及评级记录	▲	
4	导、地线耐张爆压施工检查及评级记录	▲	
5	导、地线直线液压管施工检查及评级记录	▲	
6	导、地线耐张液压管施工检查及评级记录	▲	
7	紧线施工检查及评级记录	▲	

续表A

序号	归档文件	保存单位 建设单位	保存单位 城建档案机构
8	附件安装施工检查及评级记录	▲	
9	对地、风偏开方对地距离检查及评级记录	▲	
10	交叉跨越检查及评级记录	▲	
11	导、地线液压隐蔽工程签证记录	▲	
12	OPGW光缆展放施工检查及评级记录	▲	
13	OPGW光缆紧线施工检查及评级记录	▲	
14	OPGW光缆接头盒、引下线等附件安装施工检查及评级记录	▲	
15	OPGW光缆附件安装施工检查及评级记录	▲	
16	开盘测试记录	▲	
17	光缆接续施工检查及评级记录表	▲	
18	全程光纤传输损耗检查及评级记录	▲	
19	光缆线路全程测试图形	▲	
20	光缆接头塔位明细表	▲	
21	接续明细表	▲	
22	接地工程分部工程开工报审	▲	▲
23	表面式接地装置施工检查及评级记录	▲	
24	深埋式接地装置施工检查及评级记录	▲	
25	接地线埋设隐蔽工程签证记录	▲	
26	线路防护设施分部工程开工报审	▲	▲
27	线路防护设施检查及评级记录	▲	
28	监测设备安装	▲	
29	施工试验、检测报告及报审、报验	▲	
30	导线、地线、绝缘子、金具等开箱检查申请及检查记录	▲	

续表A

序号	归档文件	保存单位 建设单位	保存单位 城建档案机构
(四)	应归档的其他内容	▲	○
	监理文件		
1	建设工程监理合同	▲	
2	施工安全监督方案	▲	
3	监理规划	▲	
4	监理实施细则	▲	
5	总监理工程师任命书	▲	▲
6	施工安全监督人员证书	▲	
7	工程质量或生产安全事故处理文件资料	▲	▲
8	工程建设参与各方往来文件	▲	
9	监理通知及回复单、工作联系单、监理报告	▲	
10	工程开工令	▲	
11	工程暂停令	▲	
12	工程复工令	▲	
13	开工或复工报审文件资料	▲	
14	会议纪要	▲	
15	书面报告	▲	
16	监理月报	▲	
18	施工单位资质、安全生产许可证、人员报审表及附件	▲	
20	施工单位特种作业人员报审表及附件	▲	
21	施工组织设计、施工方案、施工进度计划报审文件资料	▲	
22	分包单位资格报审文件资料	▲	
23	施工控制测量成果报验文件资料	▲	
24	工程材料、构配件、设备报验文件资料	▲	

续表A

序号	归档文件	保存单位 建设单位	保存单位 城建档案机构
25	见证取样检验文件资料	▲	
26	工程质量检查报验资料及工程有关验收资料	▲	
27	工程计量、工程款支付文件资料	▲	
28	合同争议、变更、违约报告及处理资料	▲	
29	工程变更、费用索赔、工程延期文件资料	▲	
30	危险性较大的分部分项工程报审请单	▲	
31	安全防护、文明施工措施费用使用计划报审表	▲	
32	专项施工方案报审表及附件	▲	
33	施工单位报审的危险性较大的分部分项工程安全管理资料	▲	
34	工程质量评估报告	▲	▲
35	监理工作总结	▲	▲
36	竣工验收监理文件资料	▲	
37	应归档的其他内容	▲	○
科研文件			
1	开题报告、任务书、批准书	▲	▲
2	协议书、委托书、合同	▲	
3	研究方案、计划、调查研究报告	▲	
4	科研试验文件	▲	
5	阶段报告、科研报告、技术鉴定	▲	▲
6	成果申报、鉴定、审批及推广应用文件	▲	▲
7	应归档的其他内容	▲	○
设备文件			
1	设备、材料采购、招投标文件、合同、出厂质量合格证明	▲	
2	设备、材料装箱单、开箱记录、检验检测记录	▲	

续表A

序号	归档文件	保存单位 建设单位	保存单位 城建档案机构
3	设备图纸、使用说明书、零部件目录	▲	
4	设备测绘、验收记录及索赔文件	▲	
5	设备安装调试、测定数据、性能鉴定	▲	
6	应归档的其他内容	▲	○
四、竣工阶段文件			
(一)	**竣工图**		
1	全套竣工图及设计说明	▲	▲
(二)	**竣工文件**		
1	市政工程预验收文件	▲	▲
2	建设工程竣工验收报告	▲	▲
3	勘察单位工程质量检查报告(合格证明书)	▲	▲
4	设计单位工程质量检查报告(合格证明书)	▲	▲
5	施工单位工程质量检查报告(合格证明书)	▲	▲
6	监理单位工程质量检查报告(合格证明书)	▲	▲
7	建设工程竣工验收备案质量终身责任人登记文件	▲	▲
8	建设工程竣工规划资源验收文件	▲	
9	竣工验收测量成果	▲	△
10	建设工程竣工验收审批文件(证件)	▲	△
11	各专业竣工验收审批文件(证件)	▲	△
12	地名审批文件(证件)	▲	
13	编订(变更)门弄(楼)号牌通知	▲	△
14	不动产权证书	▲	
15	工程决算	▲	
16	审价报告	▲	

续表A

序号	归档文件	保存单位	
		建设单位	城建档案机构
17	交付使用财产总表和财产明细表	▲	
18	应归档的其他内容	▲	○
(三)	**声像档案**		
1	工程照片	▲	▲
2	录像、录音	▲	▲

注:1 表中"城建档案机构"指市城建档案馆和区城建档案机构。符号"▲"表示应以原件归档的文件;"△"表示可以原件或复印件归档的文件;"○"表示选择性归档的文件。
 2 建设单位应按照相关标准形成工程文件,并进行收集、整理、归档。上述归档范围仅供参考,若相关标准调整,竣工档案的内容作相应调整。

附录 B 工程设计变更依据性文件汇总表的样式

工程设计变更依据性文件汇总表

序号	变更依据性文件名称	编号	条款	被修改相关图号	备注

施工单位:(盖章)	监理单位:(盖章)
技术负责人:	总监:
项目负责人:	

附录 C 编制说明的样式

××项目
竣工档案编制说明

一、工程概况

项目名称、建设地址、建设单位、勘察单位、设计单位、施工单位、监理单位等。

工程总投资、开工日期、竣工日期、占地面积、总建筑面积、结构类型等。

工程划分情况：如标段、单位工程、单体等。

二、工程批准文件

立项批复、规划许可、施工许可等文件名称及文号。

三、工程档案编制情况

档案阶段划分情况、总卷数、文件卷数、审查合格施工图卷数、竣工图卷数、照片卷数、工程录像卷数等。

四、档案资料需要说明的情况(非必填项)

五、案卷号说明

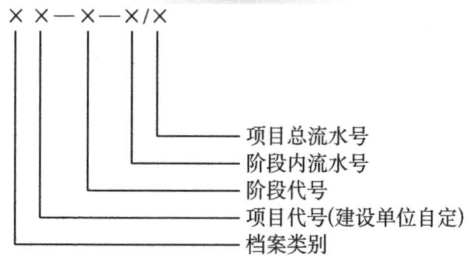

六、本单位对本工程档案作出的必要说明

1. 本工程档案编制单位。

2. 本工程档案形成期满25年后是否可以向社会开放。

3. 本工程是否为上海市重大建设项目;本工程是否含不可移动文物或优秀历史建筑。

4. 本工程是否为涉密工程。若是,需说明密级、保密期限、到期解密责任单位、解密条件等,并附相关依据;若不是,需说明是否有涉密文件及涉密文件所在案卷号。

5. 本单位对报送档案的完整性、真实性、准确性、有效性、系统性、安全性负责。

建设单位全称(盖章)

日　期

附录 D 案卷备考信息汇总表的样式

注:1 尺寸单位统一为 mm,纸张尺寸为 297 mm×210 mm,空白行共计 25 行。
   2 标题文字字体为宋体,大小为 18 磅,加粗;栏目标题文字字体为宋体,大小为 14 磅;空格内文字字体为宋体,大小为 12 磅。

附录 E 基本信息表的样式

基本信息表

项目信息	
项目名称	
建设地址	
项目编号 1	
项目编号 2	
项目编号 3	
立项文件文号	
建设用地规划许可证号	
建设用地出让合同号	
不动产权证号	
建设工程规划许可证号	
竣工规划资源验收合格证号	
竣工验收证号	
总建筑面积(m^2)	
工程总投资(万元)	
开工日期	
竣工日期	
建设单位	
勘察单位	
设计单位	
施工单位	
监理单位	
档案编制单位	
是否为上海市重大建设项目	
是否含不可移动文物或优秀历史建筑	
是否为涉密工程	
是否含涉密文件	
档案信息	
形成期满 25 年后是否可以向社会开放	
档案类别	
密级	
编制日期	
保管期限	

附录 F 单体表的样式

建(构)筑物单体表

单体序号				
单体名称				
建设工程规划许可证号				
结构类型				
建筑面积(m^2)				
计容建筑面积(m^2)				
地上建筑面积(m^2)				
地下建筑面积(m^2)				
高度(m)				
地上层数				
地下层数				

道桥单体表

单体序号				
单体名称				
建设工程规划许可证号				
路段(起)				
路段(讫)				
长度(m)				

管线单体表

单体序号				
单体名称				
建设工程规划许可证号				
管线类别				
架空管线（地下管线）				
长度(m)				

附录 G 案卷目录的样式

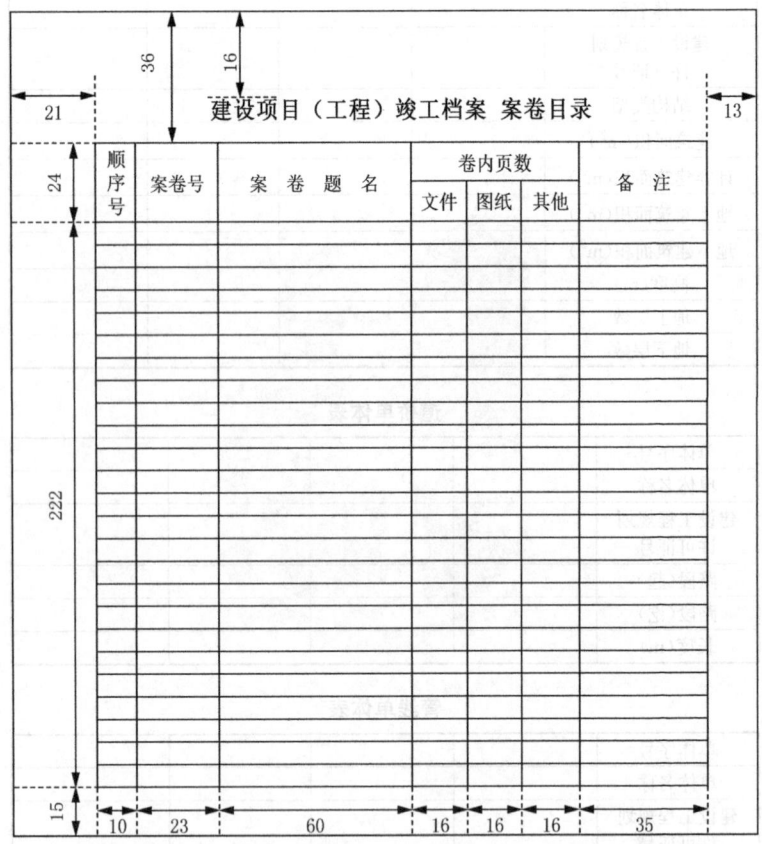

注：1 尺寸单位统一为 mm，纸张尺寸为 297 mm×210 mm，空白行共计 25 行。
 2 标题文字字体为宋体，大小为 18 磅，加粗；栏目标题文字字体为宋体，大小为 14 磅；空格内文字字体为宋体，大小为 12 磅。

附录 H 卷内目录的样式

注：1 尺寸单位统一为 mm，纸张尺寸为 297 mm×210 mm，空白行共计 29 行。
　　2 标题文字字体为宋体，大小为 18 磅，加粗；"案卷号"字体为宋体，大小为 11 磅；栏目标题文字字体为宋体，大小为 14 磅；空格内文字字体为宋体，大小为 12 磅。
　　3 "纸质"：填写原件（简称"YJ"）、复印件（简称"FY"）或无（简称"W"）（三选一）；"电子"：数字签名电子文件（简称"Q"）、纸质文件数字复制件（简称"S"）（二选一）。
　　4 若一并归档某份文件或图纸的其他格式数字化附件，应在该份文件或图纸对应的备注中注明含数字化附件（简称"F"）。

附录 J 照片卷内目录的样式

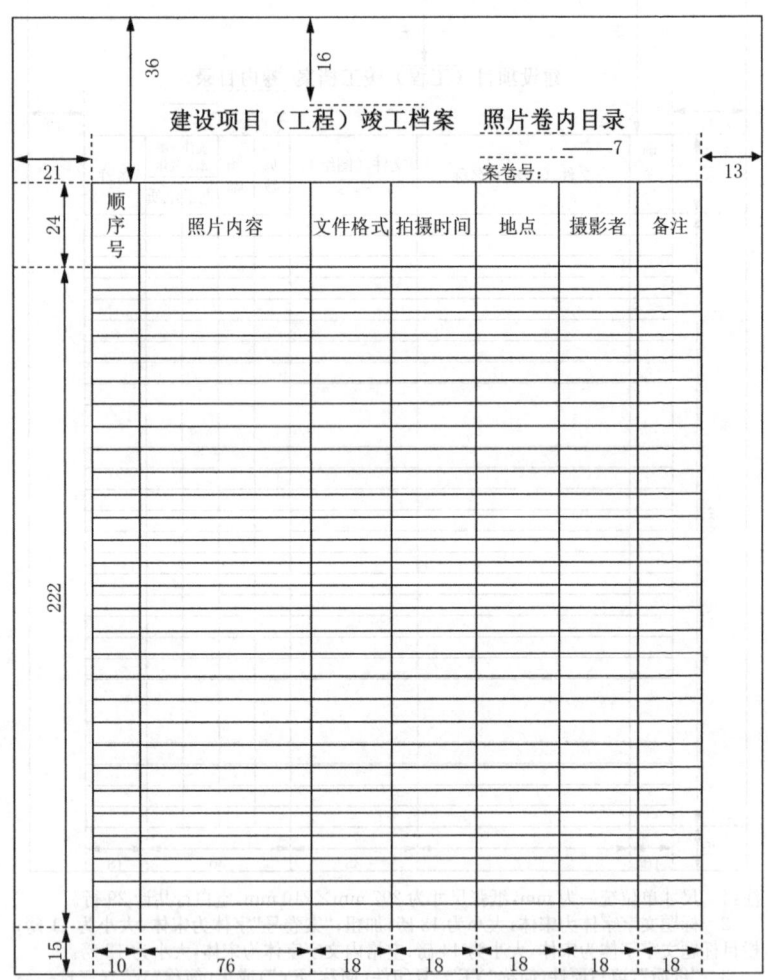

注:1 尺寸单位统一为 mm,纸张尺寸为 297 mm×210 mm,空白行共计 29 行。
  2 标题文字字体为宋体,大小为 18 磅,加粗;"案卷号"字体为宋体,大小为 11 磅;栏目标题文字字体为宋体,大小为 14 磅;空格内文字字体为宋体,大小为 12 磅。

附录 K 录像卷内目录的样式

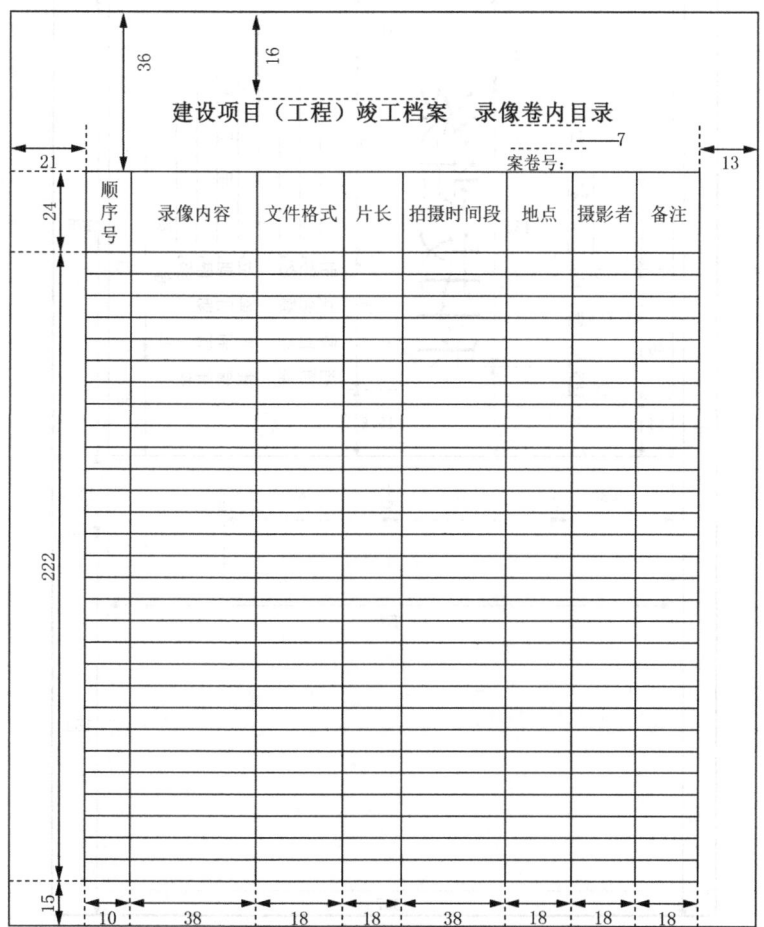

注：1 尺寸单位统一为 mm，纸张尺寸为 297 mm×210 mm，空白行共计 29 行。
   2 标题文字字体为宋体，大小为 18 磅，加粗；"案卷号"字体为宋体，大小为 11 磅；栏目标题文字字体为宋体，大小为 14 磅；空格内文字字体为宋体，大小为 12 磅。

附录 L 案卷封面的样式

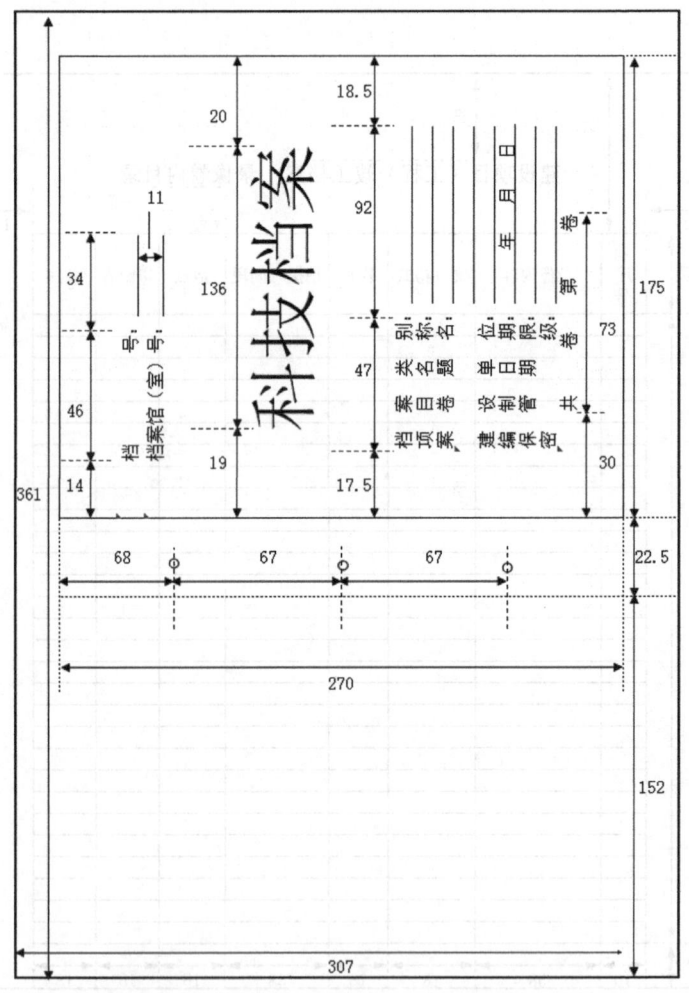

注：1 尺寸单位统一为 mm。
   2 "科技档案"四个字：字体为大宋，大小为 111 磅，加粗。
   3 其余文字：字体为中宋，大小为 31 磅，加粗。

附录 M 案卷备考表的样式

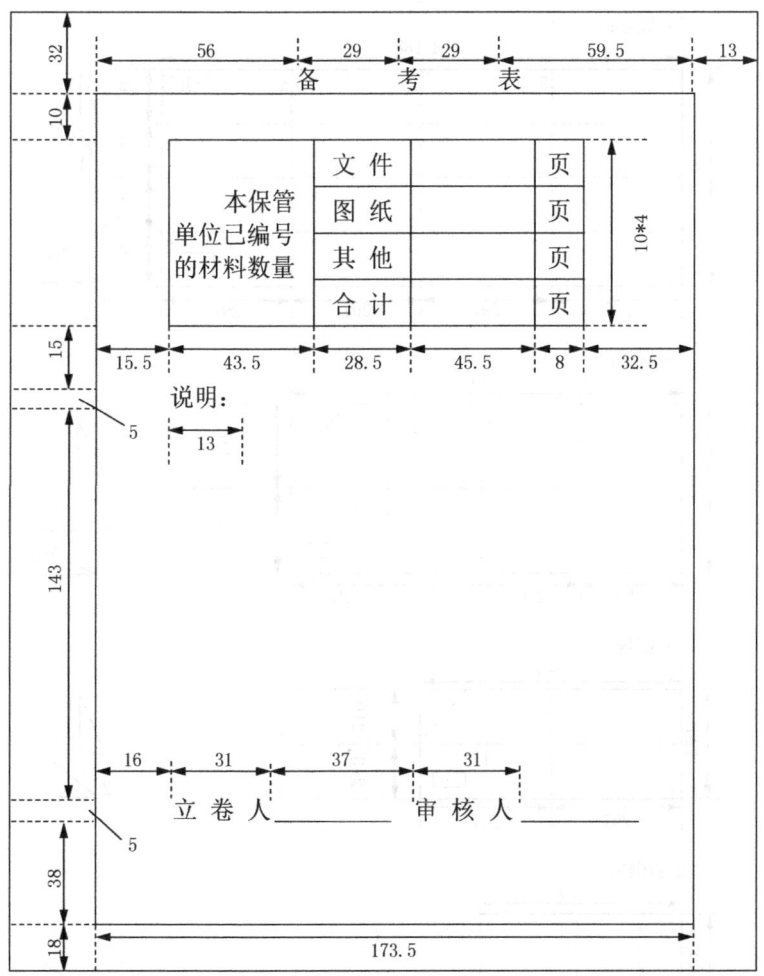

注:1 尺寸单位统一为 mm。
 2 标题文字:字体为宋体,大小为 15 磅。
 3 表格内文字:字体为宋体,大小为 15 磅。

附录 N 图纸的折叠方法

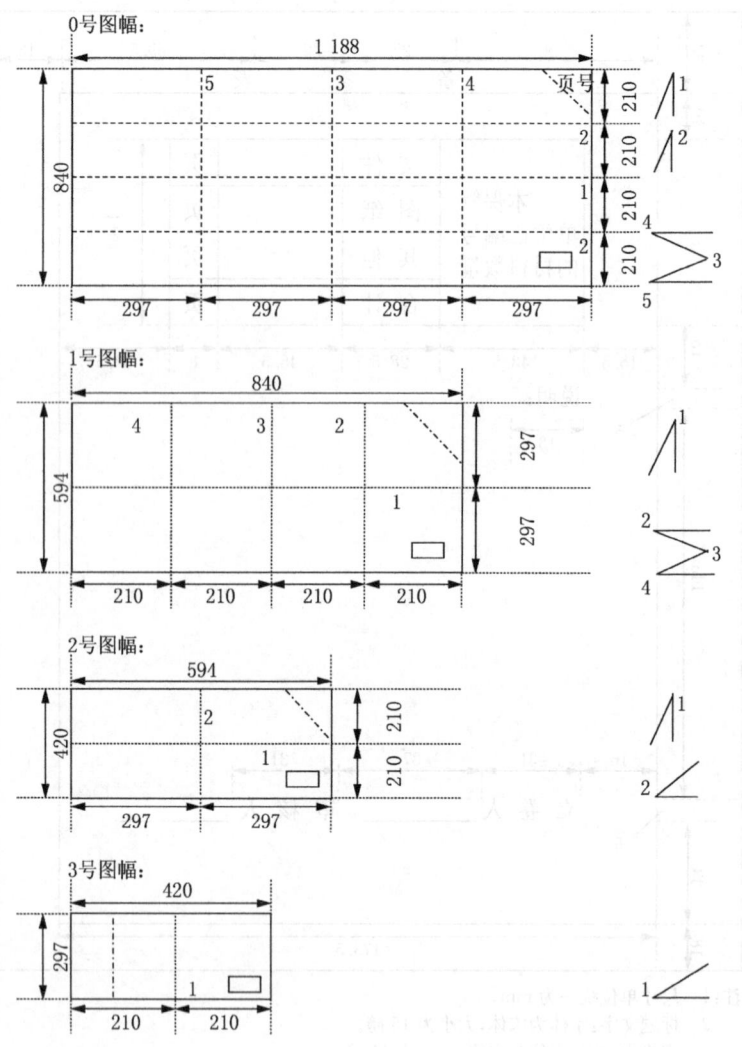

注:尺寸单位统一为 mm。

附录 P 档案盒封面的样式

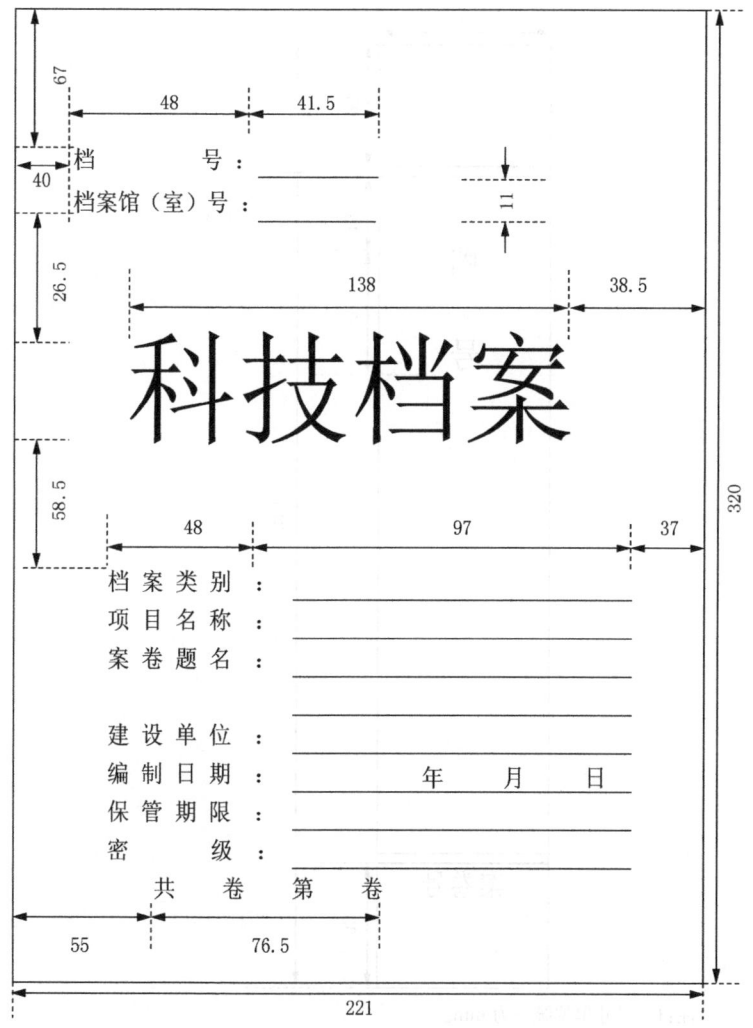

注:1 尺寸单位统一为 mm。
　　2 "科技档案"字体为大宋,103 磅,加粗;其余文字字体为中宋,21 磅,加粗。

附录 Q 档案盒脊背的样式

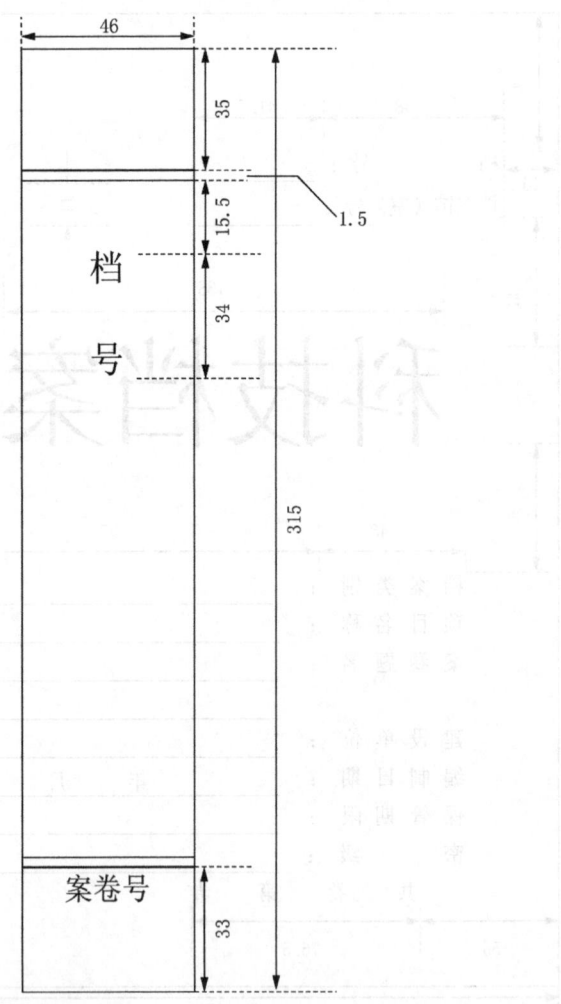

注：1 尺寸单位统一为 mm。
  2 文字字体为大宋，"档号"大小为 26 磅，"案卷号"大小为 18 磅，左右居中。粗线粗为 2.5 磅，细线粗为 1 磅。

附录 R 工程录像解说词的样式

工程录像解说词

一、撰稿人、审核人、制作单位
二、正文内容
1. 项目行政区域、四至范围、占地面积。
2. 建设单位情况,设计单位、施工单位、监理单位等参建单位。
3. 地块原址情况,开竣工时间,总投资额。
4. 建(构)筑物整体布局,功能分布、沿街情况介绍。
5. 建(构)筑物单体数量,每个建(构)筑物建筑面积(含地上、地下)介绍、总高度。
6. 建(构)筑物类型,设计风格特点,耐火等级,抗震烈度,柱、梁、楼板结构类型,上水、下水等管道类型,特色施工工艺。
7. 主体结构类型、基础桩基类型、填充墙类型、标准层层高。
8. 外墙材料、屋面介绍、装修装饰材料。
9. 车库建筑面积、停车位介绍。
10. 消防、安保监控、变电站等设备用房情况介绍。
11. 绿化面积。
12. 物业管理、获得奖项情况及需要说明的其他情况。

本标准用词说明

1 为便于在执行本标准条文时区别对待,对要求严格程度不同的用词,说明如下:
  1) 表示很严格,非这样做不可的用词:
     正面词采用"必须";
     反面词采用"严禁"。
  2) 表示严格,在正常情况下均应这样做的用词:
     正面词采用"应";
     反面词采用"不应"或"不得"。
  3) 表示允许稍有选择,在条件许可时,首先应这样做的用词:
     正面词采用"宜";
     反面词采用"不宜"。
  4) 表示有选择,在一定条件下可以这样做的用词,采用"可"。

2 条文中指明应按其他有关标准执行的写法为"应符合……的规定"或"应按……执行"。

引用标准名录

1 《技术制图 图纸幅面和格式》GB/T 14689
2 《电子档案存储用可录类蓝光光盘(BD-R)技术要求和应用规范》DA/T 74

上海市工程建设规范

建设项目(工程)竣工档案编制技术标准

DG/TJ 08—2046—2024
J 11321—2025

条文说明

2025 上海

目　次

5 工程文件的组卷 ………………………………………… 75
6 建设项目(工程)电子档案的整理 ……………………… 76
　6.1 建设项目(工程)电子档案的组织结构 ……………… 76
　6.2 建设项目(工程)电子档案的数据要求 ……………… 80

Contents

5 Filing of construction documents ················· 75
6 Arrangement of construction project electronic archives
   ·· 76
   6.1 Organizational structure of construction project
       electronic archives ·· 76
   6.2 Data requirements for construction project
       electronic archives ·· 80

5 工程文件的组卷

5.0.9 混合组卷,是指一个案卷内既有数字签名电子文件又有纸质文件及其数字复制件,则将数字签名电子文件、纸质文件数字复制件和其他数字化附件(如有)按本标准第 6 章要求整理组卷成电子档案,纸质文件按本标准第 7 章整理组卷成纸质档案。

6 建设项目(工程)电子档案的整理

本章适用于移交市城建档案馆或区城建档案机构的竣工档案。建设单位自行保管的竣工档案可参照执行。

6.1 建设项目(工程)电子档案的组织结构

6.1.2 基本信息表、单体表、案卷目录、卷内目录、照片卷内目录、录像卷内目录、案卷文件夹的名称、电子文件的名称和数字化附件文件夹的名称应符合下列规定：

1 基本信息表：存放此建设项目(工程)的基本要素数据，应统一以"基本信息表"命名该表，表格内容参照本标准表6.2.5-1要求，第一行录入"属性名称"对应的字段，从第二行起录入项目数据，数据格式及约束性条件均应满足本标准表6.2.5-1要求，每个项目产生1条数据记录。

2 单体表：存放此建设项目(工程)对应的单体数据，根据建设项目(工程)类别不同，可分别形成建(构)筑物单体表、道桥单体表和管线单体表，分别以"建(构)筑物单体表""道桥单体表"和"管线单体表"命名该表，表格内容分别参照本标准表6.2.5-2(1)、表6.2.5-2(2)和表6.2.5-2(3)要求，表格第一行录入"属性名称"对应的字段，从第二行起录入单体数据，数据格式及约束性条件均应满足本标准表6.2.5-2(1)、表6.2.5-2(2)和表6.2.5-2(3)要求，数据记录之间不得有空行。

3 案卷目录：存放此建设项目(工程)对应的案卷目录数据，应统一以"案卷目录"命名该表，表格内容参照本标准表6.2.5-3要求，表格第一行录入"属性名称"对应的字段，从第二行起录入案卷目录数据,每个案卷产生1条数据记录,数据格式及约束性条件均应满足本标准表6.2.5-3要求,数据记录之间不得有空行。

4 卷内目录:存放此建设项目(工程)对应的卷内目录数据,应统一以"卷内目录"命名该表,表格内容参照本标准表6.2.5-4要求,表格第一行录入"属性名称"对应的字段,从第二行起录入卷内目录数据,每份电子文件产生1条卷内数据记录,数据格式及约束性条件均应满足表本标准6.2.5-4要求,数据记录之间不得有空行。每条卷内数据记录应对应1个数字签名电子文件或纸质文件数字复制件(照片、录像除外),还可同时对应1个或多个数字化附件,但不得仅对应数字化附件。

5 照片卷内目录:存放此建设项目(工程)对应的照片卷内目录数据,应统一以"照片卷内目录"命名该表,表格内容参照本标准表6.2.5-5要求,表格第一行录入"属性名称"对应的字段,从第二行起录入卷内目录数据,每份电子文件产生1条卷内数据记录,数据格式及约束性条件均应满足本标准表6.2.5-5要求,数据记录之间不得有空行。每条卷内数据记录应对应1个照片电子文件。

6 录像卷内目录:存放此建设项目(工程)对应的录像卷内目录数据,应统一以"录像卷内目录"命名该表,表格内容参照本标准表6.2.5-6要求,表格第一行录入"属性名称"对应的字段,从第二行起录入卷内目录数据,每份电子文件产生1条卷内数据记录,数据格式及约束性条件均应满足本标准表6.2.5-6要求,数据记录之间不得有空行。每条卷内数据记录应对应1个电子文件。

7 案卷文件夹的名称由案卷顺序号、分隔符号"+"和该卷案卷题名组成,应符合下列规定:

    1) 案卷顺序号应与"案卷目录"表中的案卷顺序号保持一致,从"1"开始依次编号。

2）分隔符应采用半角英文符号"＋"作为案卷顺序号与案卷题名之间分隔，分隔符与案卷顺序号及案卷题名之间不得有空格。

3）案卷题名应与"案卷目录"表中的"案卷题名"内容保持一致，不得含分隔字符"＋"。

示例见图1。

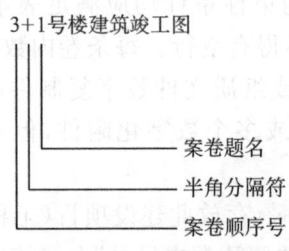

图1 案卷文件夹名称组成

8 电子文件的名称由案卷顺序号、分隔符号"＋"、卷内顺序号和文件（图纸）名称组成，应符合下列规定：

1）案卷顺序号应与"案卷目录"表中的案卷顺序号保持一致，从"1"开始依次编号。

2）分隔符应采用半角英文符号"＋"作为案卷顺序号与卷内顺序号、卷内顺序号与文件（图纸）名称之间分隔，分隔符与案卷顺序号、卷内顺序号及文件（图纸）名称之间不得有空格。

3）卷内顺序号应与"卷内目录"表中的对应记录的卷内顺序号保持一致，从"1"开始依次编号。

4）文件（图纸）名称应与"卷内目录"表中对应记录的"文件（图纸）名称"内容保持一致，不得含分隔字符"＋"。

示例见图2。

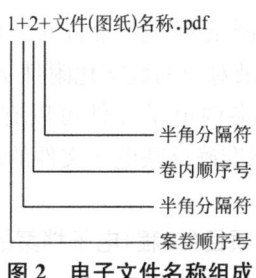

图 2　电子文件名称组成

"1+2+文件(图纸)名称.pdf"表示案卷顺序号为1的第二条卷内目录对应的电子文件。

9 数字化附件文件夹的名称由案卷顺序号、分隔符"+"、卷内顺序号和文件(图纸)名称组成，应符合下列规定：

1) 案卷顺序号应与"案卷目录"表中的案卷顺序号内容保持一致，从"1"开始依次编号。
2) 分隔符应采用半角英文符号"+"作为案卷顺序号与卷内顺序号、卷内顺序号与文件(图纸)名称之间分隔，分隔符与案卷顺序号、卷内顺序号及文件(图纸)名称之间不得有空格。
3) 卷内顺序号应与"卷内目录"表中的对应记录的卷内顺序号保持一致。
4) 文件(图纸)名称应与"卷内目录"表中对应记录的"文件(图纸)名称"内容保持一致。

示例见图3。

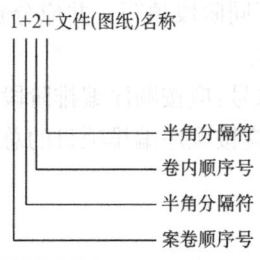

图 3　数字化附件文件夹名称组成

以"1+2+文件(图纸)名称"命名的文件夹表示案卷顺序号为1的第二条卷内目录对应的数字化附件文件夹。

数字化附件文件夹内电子文件可以有一个或多个,不得为空,电子文件命名应能准确反映电子文件的内容。

6.2 建设项目(工程)电子档案的数据要求

6.2.1 数字签名电子文件是指与传统载体文件具有同等法律效力,可以电子形式作为凭证使用的电子文件,并应符合本标准第6.2.1条和第6.2.2条的要求。

纸质文件数字复制件是指纸质文件经过数字化加工过程后形成的,存储在磁带、磁盘、光盘等载体上并能被计算机等电子设备识别的数字图像。

其他数字化附件是指区别于数字签名电子文件、纸质文件数字复制件,仅为便于后续利用和辅助备查的电子文件。

6.2.5 案卷号和案卷题名应符合下列规定:

1 案卷号应由档案类别、项目代号、阶段代号、阶段内流水号、项目总流水号等组成。

1) 档案类别:应按上海市城建档案分类大纲填写。
2) 项目代号:由建设单位根据项目名称自定,宜为2个到3个拼音字母。
3) 阶段代号:应根据建设项目(工程)的立项、设计、施工、竣工四个不同阶段填写。并应分别以罗马字母Ⅰ、Ⅱ、Ⅲ、Ⅳ表示。
4) 阶段内流水号:应按顺序编排阶段内的流水号。
5) 总流水号:应按顺序编排项目的总流水号。

示例见图4。

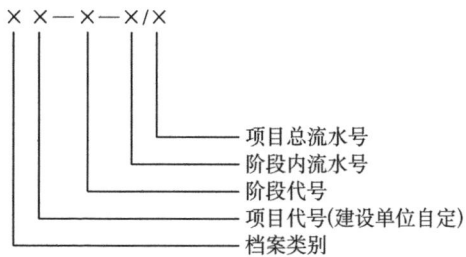

图 4　案卷号组成

2　案卷题名应符合下列规定：
  1) 建(构)筑工程案卷题名应包括单位(单体)工程名称、分部工程或专业名称、卷内文件概要等内容；必要时可增加工程地址内容。
  2) 道路、桥梁工程案卷题名应包括标段名称、单位(单体)工程名称、分部工程或专业名称、卷内文件概要等内容，必要时可增加工程里程起止桩号。